氢能发展的
商业视角：
不确定性中的确定性

A Business Perspective on
Hydrogen Energy Development:
Finding Certainty in Uncertainty

尹海涛 等◎著

上海交通大学出版社
SHANGHAI JIAO TONG UNIVERSITY PRESS

内容提要

关于氢能的发展,仁者见仁、智者见智,支持和质疑的声音都不绝于耳。本书的目的是在充分梳理现有的政策走向、氢能发展的主要障碍,以及氢能产业在各个应用领域发展现状的基础上,提炼出氢能产业发展中具有确定性的趋势。第一,氢能在中长期的发展是有确定性的。最大的推动力来自中国和全球在"通过碳减排控制全球变暖"方面的共识。第二,利用可再生能源电解水制氢的发展是具有确定性的。未来在供给端解决可再生能源制氢的问题,必将成为政策的主要发力点,也因此会成为氢产业最有爆发力的领域。第三,分布式氢气制备和利用的模式是具有确定性的。第四,氢基液体燃料的发展是具有确定性的。把氢气转化成为液体状态的氢基燃料,能有效地解决氢气在安全性方面的顾虑和运输能本高的问题。第五,重卡氢燃料电池汽车的发展是有确定性的。在重卡方面,氢能能量密度高的优势可发挥得淋漓尽致,同时也能最小化安全隐患。本书的主要读者是关心氢能发展的政府和商业人士。

图书在版编目(CIP)数据

氢能发展的商业视角：不确定性中的确定性 / 尹海涛等著 . — 上海 ：上海交通大学出版社，2022.11
ISBN 978 - 7 - 313 - 27396 - 3

Ⅰ. ①氢… Ⅱ. ①尹… Ⅲ. ①氢能－能源发展－研究－中国 Ⅳ. ①F426.2

中国版本图书馆 CIP 数据核字(2022)第 162733 号

氢能发展的商业视角:不确定性中的确定性
QINGNENG FAZHAN DE SHANGYE SHIJIAO:BUQUEDINGXING ZHONG DE QUEDINGXING

著　　者：	尹海涛 等			
出版发行：	上海交通大学 出版社	地　　址：	上海市番禺路 951 号
邮政编码：	200030	电　　话：	021 - 64071208
印　　刷：	上海颛辉印刷厂有限公司	经　　销：	全国新华书店
开　　本：	710mm×1000mm　1/16	印　　张：	11.75
字　　数：	190 千字		
版　　次：	2022 年 11 月第 1 版	印　　次：	2022 年 11 月第 1 次印刷
书　　号：	ISBN 978 - 7 - 313 - 27396 - 3		
定　　价：	78.00 元		

致　　谢

本研究的写作得到了工物高科技有限公司和上海交通大学行业研究院的资助。但是文中所展现的完全是本课题组的独立观点，与资助单位无关。

本书献给交大安泰首期智慧能源班全体学员

前　言

1903 年，莱特兄弟驾驶着"飞行者一号"，摇摇晃晃地离开地面，完成了人类历史上第一次飞行；1969 年，"阿波罗 11 号"带着人类，第一次踏上月球。很难相信，这中间只有短短 66 年的时间。2020 年，习近平总书记提出了中国要在 2060 年实现碳中和的宏伟目标，在未来的四十年，我们将会见证的能源转型，很有可能会超过我们有限的想象力。

2022 年 3 月，国家发展改革委、国家能源局联合发布《氢能产业发展中长期规划（2021—2035 年）》。2021 年国际能源署在其发表的《中国碳中和路线图》中预测，到 2060 年，中国 20%的电力消费会被用于氢气的制备。中国是否会迈向一个氢能社会？氢能会在哪些方面改变我们的生产和生活？这一转型又会创造出怎么样的商业机遇？这些商业机遇会在哪些领域、什么时候、以什么样的方式呈现出来？更重要的是，我们商业的力量，如何参与并赋能中国未来的能源转型，帮助中国拥抱碳中和的未来？这是本书想要努力探讨的问题。

多年之前，有位友人善意地提醒我，我所做的研究缺乏时效性。他是正确的。我想研究大致分为两类。一类是确定有意思的问题（或来源于实践，或来源于理论），然后探讨一般性的规律。研究的目的，如果成功的话，是能够被写入教科书，作为一般性的原则指导实践。当前在学校，尤其是在"非升即走"的环境下，高校产出的论文大致属于此类。另一类则需要时效性，主要是以多年研习的理论为依托，系统地分析面临的问题，并提出切实的解决方案。

我于 2009 年回国任教，流行的职业发展轨迹是做前一类研究。2018 年，上海交通大学行业研究院正式成立，鼓励拿到终身教职的老师，在证明了有从事第一类研究的能力之后，尝试做第二类的研究。这是上海交通大学安泰经济管理学院（简称"安泰"）在高校普遍追求"高质量发展"的洪流中，从商学院的实际出发,自觉自醒的改革尝试。MBA 和 EMBA 的教育,是中国商学院,为了解决中国经济和商业发展过程中"人才短缺"问题,所必须承担的社会责任。从理论到理论,或者缺乏用鲜活实践诠释理论的教学,显然不能适应 MBA 和 EMBA 的教育。行业研究的倡导,正是为了解决这一问题的一次尝试。

那一天在楼道里偶然碰到一位好友,她说正在做"风旱"的研究,可否一块成立个新能源发电的研究小组。就这样,我打开了第二类研究的大门,欣喜地发现,自己在这一类研究中,也不是没有用武之地。实践的变化太快了,尤其是今天的新能源领域,两周不去追踪,可能就会在众多的新名词中懵圈了。但是,简单地追风是很盲目的,新能源领域中众多的"起高楼"和"楼塌了"的循环就是明证。越是在变化快速的领域,越是需要"理论"的指导,理论宛若使你站在楼上,更好地看清楼下的车水马龙。从这个角度看,前一类研究的训练,恰恰为后一类研究的开展,打下了很好的基础。而有理论延展的实践分析,才能给我的学生带来更多的知识享受,也是我的学生们最为喜欢的。

但是,光有良好的学术训练,是做不好行业研究的。用理论分析实践,或者在实践中做理论升华的前提,是能很好地把握和理解实践。在这里,我要特别地感谢上海交通大学,尤其是安泰的校友们。2020 年,我调研储能企业,找不到行业的资源。于是我去"储能大会",拿着带有交大标志的易拉宝满会场转悠,很多校友因为交大和我们聊天,并邀请我们去参访。也是在 2020 年,在一次会议分享之后,校友田广找到我,问我怎么看氢储能的发展,我诚实地说,"我不了解"。田广说:"能不能去做个调研,如你所做的电化学储能研究一样。"于是,就有了 2021 年我们在氢能方面的关注,也有了今天呈现出来的这几份报告。

最后,我还要特别地感谢我们安泰"智慧能源"行业社群班的同学们。这个社群班是 2021 年,安泰从事能源行业的校友组成的学习平台。我很感动,每年销售额十几亿公司的老总、在业界很有影响力的行业大佬,在这个平台上,做着服务同学们的琐事:邀请讲员、联系企业参访、布置会场、编写每次的日程。我想这正是交大安泰的模样:用最谦卑的心态做着最耀眼的事业;用最务实的态度不负最灿烂的芳华。

欧洲在 1990 年实现碳达峰，目标是到 2050 年实现碳中和，用 60 年的时间。但是中国从 2030 年碳达峰到 2060 年碳中和，只有 30 年的时间。中国煤炭在能源结构中的比重，超过任何一个大国。转型的任务更重。中国经济的持续发展，承载着 14 亿中国人的福祉。在飞速的能源转型过程中，会有弯路，会有险途，也会有错误。作为安泰的能源板块，我们能够用我们的商业智慧，使弯路少一点、使错误轻一些，这就是我们最大最重要的社会责任。

这本书关注氢能在中国的发展，关注点是追寻不确定性中的确定性因素，其出发点正是为了使氢能的发展能够"少走弯路""少犯错误"。出于行文的缘故，总报告之后附上三个分报告，分别阐述总报告中提到，但不方便展开的话题。特别感谢在本书的写作过程中提供帮助的老师和同学：康译丹、吴晓月、高沁雪参与了总报告的写作；潘政麟、李涵深参与了分报告一的写作；瞿茜、缪荣高参与了分报告二的写作；殷俊舜参与了分报告三的写作。

目　录

分报告(三):电动汽车和氢燃料电池汽车:谁会驶向中国的未来? / 154

总报告：
氢能发展中的不确定性和确定性

　　氢能的发展自 2020 年之后，扑面而来。关于氢能的发展，仁者见仁、智者见智。支持和质疑的声音都不绝于耳。本报告的目的是在充分梳理现有的政策走向、氢能发展的主要障碍，以及氢能产业在各个应用领域发展现状的基础上，提炼出氢能产业发展中具有确定性的趋势：

　　首先，氢能在中长期的发展是有确定性的。最大的推动力来自中国和全球在"通过碳减排控制全球变暖"方面的共识。其次，利用可再生能源电解水制氢的发展是具有确定性的。未来在供给端解决可再生能源制氢的问题，必将成为政策的主要发力点，也因此会成为氢产业最有爆发力的领域。再次，分布式氢气制备和利用的模式是具有确定性的。分布式新能源发电的发展使电力的供给和需求更难预测，氢储能是重要的储能手段之一，能提升新能源电力的消纳能力。而且分布式的特点，也很好地绕过了氢气在储存和运输中成本过于高昂的问题。分布式利用远不限于交通领域，更重要的是在以冶金行业为代表的生产领域。然后，氢基液体燃料的发展是具有确定性的。把氢气转化成为液体状态的氢基燃料，能有效地解决在氢气安全性方面的顾虑和氢气运输能本高的问题。例如甲醇不但可作为燃料，也可转化为现代石油化学工业里面的乙烯、丙烯、醋酸、醋干等。最后，重卡氢燃料电池汽车的发展是有确定性的。氢燃料电池乘用车的发展是没有特别大的前途的。但是在重卡方面，氢能能量密度高的优势可发挥得淋漓尽致，同时也能最小化安全隐患。

1.1 引言

历史的列车驶入 21 世纪 20 年代,氢能在中国得到产业界和投资界前所未有的热捧。2022 年 3 月 23 日国家发展改革委员会、国家能源局联合印发的《氢能产业发展中长期规划(2021—2035 年)》正式发布,提出了未来十五年中国氢能产业发展的规划。根据国际能源署(International Energy Agency) 2021 年出版的《中国能源领域的碳中和路线图》,在承诺目标情景下,在未来四十年(到 2060 年为止),中国终端能源消费量的增长,氢能仅次于电能,处于第二位。根据中国氢能联盟的预测,到 2050 年,中国氢能产业的产值会达到 12 万亿的规模(见表 1)。

表 1 2025—2050 年中国氢能及燃料电池产业总体目标

产业目标	2025 年	2035 年	2050 年
氢能源比例/%	4.0	5.9	10.0
产业产值/亿元	10 000	50 000	120 000
加氢站/座	200	1 500	10 000
燃料电池车/万辆	5	130	500
固定式电源或电站/座	1 000	5 000	20 000
燃料电池系统/万套	6	150	550

资料来源:中国氢能联盟。

现在看来,氢能源大发展的趋势是具有确定性的。但不确定的是,氢能源跨越新技术的"死亡峡谷"、实现爆炸式增长的时间表;同样不确定的是,氢能源将会在哪个应用领域和哪个地区率先实现突破。这两个不确定性,于任何一个致力于参与氢能源发展的商业组织(不管是产业还是金融企业),都是生死攸关的。本报告的核心目的是,帮助企业在这两个充满变数的问题上,得出合理的判断。

本报告的逻辑如下:同任何固定投入大、投资收益周期长的新技术发展一样,政府政策的支持是中国当前氢能源发展的最大机遇。与此同时,氢能源的发展也面临着很多技术和经济方面的挑战。在梳理这些挑战和政府政策的基础上，我们会审视当前氢能源主要的应用领域，试图回答在哪个应用领域，通过什么样的商业模式，能够最大化氢能源发展的机遇、最小化氢能源发展的挑战。

1.2　政府的政策支持

2019 年 3 月，国务院《政府工作报告》首次提及氢能布局。在此之后，我国各部委密集出台氢能产业支持政策，指导内容逐渐细化。氢能被纳入"十四五"规划和 2035 年远景目标纲要，氢能成为前瞻谋划的六大未来产业之一。表 2 总结了自 2019 年初到 2022 年初的两年时间中，中国在中央政府层面出台的，旨在推动氢能源产业发展的各项政策。2022 年 3 月 23 日，《氢能产业发展中长期规划（2021—2035 年）》正式发布，提出我国在未来十五年氢能源产业发展的蓝图，主要是：

（1）到 2025 年，我国要初步建立以工业副产氢和可再生能源制氢就近利用为主的氢能供应体系；燃料电池车辆保有量约 5 万辆，部署建设一批加氢站；可再生能源制氢量达到 10 万～20 万吨/年，成为新增氢能消费的重要组成部分，实现二氧化碳减排 100 万～200 万吨/年；

（2）到 2030 年，我国要形成较为完备的氢能产业技术创新体系、清洁能源制氢及供应体系，产业布局合理有序，可再生能源制氢广泛应用，有力支撑碳达峰目标实现；

（3）到 2035 年，我国要形成氢能产业体系，构建涵盖交通、储能、工业等领域的多元氢能应用生态。可再生能源制氢在终端能源消费中的比重明显提升，对能源绿色转型发展起到重要支撑作用。

表 2　中国中央政府层面氢能产业政策汇总

发布时间	政策	主要内容
2019 年 3 月	《政府工作报告》	氢能首次被写入《政府工作报告》。稳定汽车消费，继续执行新能源汽车购置优惠政策，推动充电、加氢等设施建设

发布时间	政策	主要内容
2019 年 9 月	《交通强国建设纲要》	科学规划建设城市停车设施,加强充电、加氢、加气和公交站点等设施建设
2019 年 11 月	《关于推动先进制造业和现代服务业深度融合发展的实施意见》	加强新能源生产使用和制造业绿色融合,推动氢能产业创新、集聚发展,完善氢能制备、储运、加注等设施和服务
2020 年 3 月	《关于加快建立绿色生产和消费法规政策体系的意见》	重点任务:研究制定氢能、海洋能等新能源发展的标准规范和支持政策(2021 年完成)
2020 年 5 月	《关于开展燃料电池汽车示范推广的通知》(征求意见稿)	"以奖代补"措施:财政部、工业和信息化部、科技部、国家发展改革委、国家能源局将对燃料电池汽车的购置补贴政策,调整为燃料电池汽车示范应用支持政策,对符合条件的城市群开展燃料电池汽车关键核心技术产业化攻关和示范应用给予奖励,示范期暂定为四年
2020 年 9 月	《关于开展燃料电池汽车示范应用的通知》	核心要求:每座示范城市 1000 辆车、单车 3 万千米;加氢站 15 座。 重点关注:加氢基础设施的管理审批责任主体、审批及验收流程等;氢气制备、储运安全管理办法;加氢站建设、运营补贴等扶持政策;使用政策的扶持政策,包括免除车牌拍卖、免摇号、免限行,以及停车费、道路通行费优惠,优先发放专用运营额度等;全面监管。 北京、山西、上海、江苏、河南、湖北、广东、四川八个省市被广泛认为进入了氢燃料电池版的"十城千辆"计划名单

发布时间	政策	主要内容
2020 年 10 月	《节能与新能源汽车技术路线图（2.0 版）》（中国汽车工程学会）	现状：氢燃料电池汽车加快进去示范导入期，氢燃料电池客车续驶里程、百公里氢耗量、最高车速等等，商用车燃料电池系统额定功率、功率密度、冷启动温度、寿命等，均实现或超额完成 2020 年目标。商用车燃料电池系统多项技术指标与国际先进技术水平同步，实现了电堆、压缩机、DC/DC 变换器、氢气循环装置等关键零部件的国产化，但在催化剂、炭纸、质子交换膜等燃料电池关键材料和部件基础方面较为薄弱。 规划：将发展氢燃料电池商用车作为整个氢能燃料电池行业的突破口，以客车和城市物流车为切入领域，重点在可再生能源制氢和工业副产氢丰富的区域推广中大型客车、物流车，逐步推广至载重量大、长距离的中重卡、牵引车、港口拖车及乘用车等。到 2025 年，氢燃料电池汽车保有量达到 10 万辆左右，加氢站数量达到 1000 座以上；到 2035 年，氢燃料电池汽车保有量达到 100 万辆左右，商用车实现氢动力转型，2030—2035 年加氢站建设目标为 5000 座
2020 年 11 月	《新能源汽车产业发展规划（2021—2035 年）》	发展愿景：到 2025 年，新能源汽车新车销售量达到汽车新车销售总量的 20% 左右；到 2035 年，实现燃料电池汽车商业化应用、氢燃料供给体系建设稳步推进，有效促进节能减排水平和社会运行效率的提升。

发布时间	政策	主要内容
2020年11月	《新能源汽车产业发展规划（2021—2035年）》	技术创新：以纯电动汽车、插电式混合动力（含增程式）汽车、燃料电池汽车为"三纵"，布局整车技术创新链；以动力电池与管理系统、驱动电机与电力电子、网联化与智能化技术为"三横"，构建关键零部件技术供给体系。攻克氢能储运、加氢站、车载储氢等氢燃料电池汽车应用支撑技术。 产业融合：①提高氢燃料制储运经济性。因地制宜开展工业副产氢及可再生能源制氢技术应用，加快推进先进适用储氢材料产业化。开展高压气态、深冷气态、低温液态及固态等多种形式储运技术示范应用，探索建设氢燃料运输管道，逐步降低氢燃料储运成本。健全氢燃料制储运、加注等标准体系。加强氢燃料安全研究，强化全链条安全监管。②推进加氢基础设施建设。建立完善加氢基础设施的管理规范。引导企业根据氢燃料供给、消费需求等合理布局加氢基础设施，提升安全运行水平。支持利用现有场地和设施，开展油、气、氢、电综合供给服务。③建设智能基础设施服务平台。统筹充换电技术和接口、加氢技术和接口、车用储氢装置、车用通信协议、智能化道路建设、数据传输与结算等标准的制修订，构建基础设施互联互通标准体系。引导企业建设智能基础设施、高精度动态地图、云控基础数据等服务平台，开展充换电、加氢、智能交通等综合服务试点示范，实现基础设施的互联互通和智能管理。

发布时间	政策	主要内容
2020 年 11 月	《新能源汽车产业发展规划（2021—2035 年）》	政策法规：推动充换电、加氢等基础设施科学布局、加快建设，对作为公共设施的充电桩建设给予财政支持。2021 年起，国家生态文明试验区、大气污染防治重点区域的公共领域新增或更新公交、出租、物流配送等车辆中新能源汽车比例不低于 80%
2021 年 3 月	《中华人民共和国国民经济和社会发展第十四个五年规划和 2035 年远景目标纲要》	将氢能纳入了国家"十四五"规划和 2035 年远景目标纲要，氢能成为前瞻谋划的六大未来产业之一。在氢能和储能等前沿科技和产业变革领域，组织实施未来产业孵化与加速计划，谋划布局一批未来产业
2021 年 8 月	《对十三届全国人大四次会议第 5736 号建议的答复》	工信部明确表态将支持发展零碳排放发动机，同时还将积极配合相关部门制定氢能发展战略，研究推动氢气内燃机
2021 年 8 月	《关于开展燃料电池汽车示范应用的通知》的后续执行	国家五部委正式批复燃料电池汽车示范应用首批示范城市群。重点支持珠三角、长三角、京津冀及中部地区的城市。在 4 年示范期间，五部委将对入围的城市群按照其目标完成情况，通过"以奖代补"的方式给予奖励。 京津冀氢燃料电池汽车示范城市群：大兴区联合海淀、昌平等六个区，以及天津滨海新区，河北省保定市、唐山市，山东省滨州市、淄博市等共 12 个城市（区）组建。 "1＋6"上海城市群：上海联合江苏省苏州市、南通市，浙江省嘉兴市，山东省淄博市，宁夏宁东能源化工基地，内蒙古自治区鄂尔多斯市等 6 个城市组建。 广东氢燃料电池汽车示范城市群：由广州、云浮、佛山、深圳、珠海、东莞、江门、阳江及陕西榆林等地组建

发布时间	政策	主要内容
2021 年 11 月	《"十四五"工业绿色发展规划》	加快氢能技术创新和基础设施建设,推动氢能多元利用,被列为工业降碳实施路径之一。鼓励氢能在钢铁、水泥、化工等行业的应用。加强绿氢开发利用,大力发展氢燃料燃气轮机、超高压氢气压缩机、高效氢燃料电池等新能源装备。绿氢炼化被列为绿色低碳技术推广应用工程之一
2022 年 3 月	《关于开展燃料电池汽车示范应用的通知》的后续执行	上海地区:补贴政策已落地,力度较大:①与国补进行 1∶1 配套补助,每 1 积分国补＋地补共 20 万元的奖励,由统筹资金安排 15 万元,燃料电池系统生产企业所在区安排 5 万元;②补贴范围涵盖了制储运加用全产业链各个环节,将整车企业运营纳入补贴,将核心零部件从国补的八大扩展到九大,增加了储氢瓶阀;对加氢站建设和氢气零售价给予补贴。 北京地区:整体规划推进速度相对较慢。北京市人民政府在 2022 年 3 月 21 日发布的《2022 年人民建议征集参考议题》中,将"推动燃料电池汽车示范城市群建设"纳入一提征集范围。2022 年北京地区的燃料电池汽车推广数量独占鳌头,但在整体规划方面相对滞后。对比广东、上海,北京地区入局氢能相对较晚,还有较多"功课"需要补。 广东地区:正在加快政策推广速度,2022 年 3 月,广东省人民政府印发了《关于印发 2022 年省〈政府工作报告〉重点任务分工方案的通知》,在氢能方面,将出台交通运输领域碳达峰行动方案,出台加快建设燃料电池汽车示范城市群行动计

发布时间	政策	主要内容
2022 年 3 月	《关于开展燃料电池汽车示范应用的通知》的后续执行	划,在高速公路服务区、客运码头、公交站场等加快建设充电站、加氢站。广东地区在氢能及燃料电池产业的总体规划上一直相对迟钝,更多依赖佛山、云浮、广州等地区自行推动产业发展,在递交城市群申报文件之时乱象层出。进入 2022 年后,广东在燃料电池示范城市群政策方面有所改观,明确要加速推进行动计划的制订
2022 年 3 月	《氢能产业发展中长期规划(2021—2035 年)》	氢能是未来国家能源体系的重要组成部分,是用能终端实现绿色低碳转型的重要载体,氢能产业是战略性新兴产业和未来产业重点发展方向。"十四五"时期,初步建立以工业副产氢和可再生能源制氢就近利用为主的氢能供应体系;燃料电池车辆保有量约 5 万辆,部署建设一批加氢站,可再生能源制氢量达到 10 万~20 万吨/年,实现二氧化碳减排 100 万~200 万吨/年。到 2030 年,形成较为完备的氢能产业技术创新体系、清洁能源制氢及供应体系,产业布局合理有序,可再生能源制氢广泛应用,有力支撑碳达峰目标实现;到 2035 年,形成氢能多元应用生态,可再生能源制氢在终端能源消费中的比重明显提升,对能源绿色转型发展起到重要支撑作用

资料来源:政府网站。

在中央政府发力的同时,我国各级地方政府也纷纷发力氢能的发展。截至 2022 年 3 月,已有 20 多个省(区、市)、40 多个地级市发布氢能规划和指导意见(见表3)。其中,长江三角洲、珠江三角洲、环渤海区域产业初具规模,汇集多家氢能企业及研发机构,呈现集群化发展态势。

表3　中国地方政府层面氢能产业政策汇总

省（区、市）	发布时间	政策	规划目标				
			规划年份	累积产业规模	企业数量	燃料电池汽车	加氢站累积数量
北京	2020年10月	《北京市氢燃料电池汽车产业发展规划(2020—2025年)》	2023年	85亿元（氢燃料电池车）	培育3～5家具有国际影响力的氢燃料电池汽车产业链龙头企业	推广3000辆	建成37座
			2025年	240亿元（氢燃料电池车）	培育5～10家具有国际影响力的氢燃料电池汽车产业链龙头企业	推广接近10000量	建成74座
上海	2020年11月	《上海市燃料电池汽车产业创新发展实施计划》	2023年	1000亿元（氢燃料电池车）	培育10家以上国际知名企业和独角兽企业	接近10000辆	规划接近100座 建成运行超30座
			2025年	/	/	推广应用10000辆以上	建成运行超70座

省（区、市）	发布时间	政策	规划目标				
			规划年份	累积产业规模	企业数量	燃料电池汽车	加氢站累积数量
上海	2022年6月	《上海市氢能产业发展中长期规划（2022—2035年）》	2025年	突破1000亿元（氢能产业）	培育5～10家具有国际影响力的独角兽企业,建成3～5家国际一流的创新研发平台	保有量突破1万辆	建设各类加氢站70座左右
			2030年	产业发展总体达到国际领先水平:建成引领全国氢能产业发展的研发创新中心,关键核心装备与零部件制造检测中心,在交通、能源、工业等领域形成丰富多元的应用生态,建设海外氢能进口输运码头,布局东亚地区氢能贸易和交易中心,与长三角地区形成协同创新生态,基本建成国际一流的氢能科技创新高地、产业发展高地、多元示范应用高地	/	/	

省（区、市）	发布时间	政策	规划目标				
			规划年份	累积产业规模	企业数量	燃料电池汽车	加氢站累积数量
广东	2020年11月	《广东省加快氢燃料电池汽车产业发展实施方案》	2022年	/	/	力争实现首批氢燃料电池乘用车示范运行	在珠三角核心区、沿海经济带布局建设约300座加氢站
天津	2020年1月	《天津市氢能产业发展行动方案（2020—2022年）》	2022年	突破150亿元（氢能产业）	引育2至3家在氢燃料电池及核心零部件、动力系统集成、检验检测等领域具有国际竞争力的优势龙头企业	累计推广使用物流车、叉车、公交车等氢燃料电池车辆1000辆以上	建成至少10座
山东	2020年6月	《山东省氢能产业中长期发展规划（2020—2030年）》	2022年	突破200亿元（氢能产业）	聚集100家以上的氢能产业相关企业	燃料电池整车产能达到5000辆；累计示范推广燃料电池汽车3000辆左右	建成30座（含与其他能源合建站）

省（区、市）	发布时间	政策	规划目标				
			规划年份	累积产业规模	企业数量	燃料电池汽车	加氢站累积数量
山东	2020年6月	《山东省氢能产业中长期发展规划（2020—2030年）》	2025年	突破1000亿元（氢能产业）	培育10家左右具有核心竞争力和影响力的知名企业	燃料电池整车产能达到20000辆；累计推广燃料电池汽车10000辆	建成100座
			2030年	3000亿元（氢能产业）	形成一批具有自主知识产权的国内国际知名企业和品牌	燃料电池整车产能达到50000辆；累计示范推广燃料电池汽车50000辆左右	建成200座
浙江	2021年11月	《浙江省加快培育氢燃料电池汽车产业发展实施方案》	2025年	/	培育龙头优势企业，积极招引、支持创新，推动集群合作，培育一批"单项冠军""隐形冠军"和专精特新"小巨人"企业	在公交、港口、城际物流等领域推广应用氢燃料电池汽车接近5000辆	规划建设接近50座

省（区、市）	发布时间	政策	规划目标				
			规划年份	累积产业规模	企业数量	燃料电池汽车	加氢站累积数量
江苏	2021年11月	《江苏省"十四五"新能源汽车产业发展规划》	2025年	/	/	燃料电池汽车超过4000辆	建成100座（商业化）
四川	2020年9月	《四川省氢能产业发展规划（2021—2025年）》	2025年	初具规模	培育国内领先企业25家,原材料企业2家,制氢企业7家,储运和加氢企业6家,燃料电池及整车制造企业10家	燃料电池汽车（含重卡、中轻型物流、客车）应用规模达6000辆	建成60座（多种类型）
重庆	2020年3月	《重庆市氢燃料电池汽车产业发展指导意见》	2022年	示范应用初具规模	引进和培育氢燃料电池电堆和核心零部件企业6家,整车量产车型超过5个	运行规模力争达到800辆	建成10座
			2025年	示范应用及产业规模大幅提升	氢燃料电池汽车相关企业超过80家,其中有全国影响力的整车企业2家、动力系统企业3家、核心零部件企业10家	运行规模力争达到1500辆	建成15座

省（区、市）	发布时间	政策	规划目标				
			规划年份	累积产业规模	企业数量	燃料电池汽车	加氢站累积数量
河南	2020年8月	《河南省氢燃料电池汽车产业发展行动方案》	2023年	/	引入和培育超过30家燃料电池汽车产业链相关企业，打造拥有国内影响力的氢燃料电池汽车及核心零部件生产企业2～3家	推广应用3000辆以上	建成50座以上
			2025年	突破1000亿元（氢燃料电池及相关产业链）	/	示范应用超过5000辆	80座以上
	2021年11月	《河南省加快新能源汽车产业发展实施方案》	2025年	/	/	示范运营总量力争突破10000辆	建成并投入使用100座
河北	2021年7月	《河北省氢能产业发展"十四五"规划》	2022年	150亿元（氢能产业链）	/	燃料电池公交车、物流车等示范运行规模达到1000辆，重载汽车示范实现百辆级规模	建成25座
			2035年	500亿元（氢能产业链）	培育国内先进的企业10～15家	达到10000辆	建成100座

省（区、市）	发布时间	政策	规划目标				
			规划年份	累积产业规模	企业数量	燃料电池汽车	加氢站累积数量
内蒙古	2021年7月	《内蒙古自治区促进氢能产业发展若干政策（试行）》（征求意见稿）	2023年	400亿元（氢能产业）	培育引进5～10家氢能相关核心企业	矿山、物流、公交等领域的燃料电池汽车推广应用形成一定规模，达到3800辆以上	建成60座
			2025年	1000亿元（氢能产业）	培育引进15～20家氢能相关核心企业	推广10000辆以上	建成100座
宁夏	2020年5月	《关于加快培育氢能产业发展的指导意见》	2025年	/	/	/	建成1～2座
江西	2020年1月	《江西省新能源产业高质量跨越式发展行动方案》	2023年	实现规模发展	/	/	/

省（区、市）	发布时间	政策	规划目标					
			规划年份	累积产业规模	企业数量		燃料电池汽车	加氢站累积数量
海南	2021年5月	《海南自由贸易港投资新政三年行动方案（2021—2023年）》	2023年	/	/		/	/
湖北	2022年3月	《武汉市人民政府关于支持氢能产业发展的意见》	2025年	全产业链年营业收入达到500亿元，累计产业投资总额达到200亿元	规上企业达到100家		3000量	30～100座

资料来源：政府网站。

仔细观察中国政府层面鼓励氢能源发展的政策，并比较表4中几个典型国家的规划（日本和美国是系统制定氢能源发展规划的国家，关于两个国家氢能源政策的发展历史，请参考分报告一《美日氢能产业发展战略及相关启示》），我们有如下两个观察：

第一，当前中国氢能源产业的发展规划和支持政策，主要集中于氢燃料电池汽车。交通领域是氢能利用的一个重要方面，但并不是唯一的方面。氢燃料电池还可用来给居民社区和生产单位供热和供电。例如，在日本推行的家用热电联产系统（ENE-FARM），从2014年投入使用，到2020年底全球累计安装量突破38万台，按照日本氢能产业规划，到2030年底的销售目标是530万套[1]。同时氢能源还能直接被用于工业生产活动中。例如，在欧盟的氢能源发展规划中，特别强调在能源钢铁等能源密集型行业中，用氢能来替代化石能源。

---

[1]　于海南. 全球SOFC发展启示录[N]. 香橙会研究院，2021-04-14.

第二，当前中国氢能源产业的发展规划和支持政策，强调氢能的最终使用，在氢能产业链的其他环节，例如制备和运送，缺乏具体的规划和指标。在表4中，我们看到，德国强调必须为满足氢能的未来需求，开发更多可再生能源的发电能力，从而确保氢能的使用符合碳减排的大方向；德国还为氢气管网运输提供了制度上的保障；同时强调大型工业设施的技术改造，使其与氢能源的使用相匹配。2022年1月，英国能源网络联盟（Energy Networks Association，ENA）发布《英国天然气管道掺氢运输规划》，要求英国五大天然气管网公司在2023年要完成英国政府确定的天然气管道掺氢比例达到20%的目标，通过这种方式把氢气运送到家庭和商业组织，替代五分之一天然气的使用。请参考案例1。

表4　海外氢燃料电池车/氢能产业政策

国家	发布时间	政策	主要内容
美国	2019年	《美国氢能经济路线图——减排及驱动氢能在全美实现增长》	该路线图根据20家能源、运输、燃料电池制造和电力行业的全球领先公司和组织的意见编写而成。路线图期望美国的决策者和工业界共同努力并采取正确步骤，在氢能经济的迅速兴起和发展进程中，不断壮大相关产业活动，从而巩固美国在全球能源领域的领导地位。预测到2025年底，美国总氢能需求量将达到1300万吨。预测到2030年之后，氢能总需求量达到1700万吨，全国运营4300座加氢站，也吸引80亿美元的年度投资
	2020年	《氢项目计划》	该报告阐述了美国能源部如何致力于加强开发美国氢能源技术，以及如何与学术界及工业界合作来开发氢能源。美国能源部在过去的20年间，在氢能相关领域一共投资了40亿美元，涉及氢能生产、运输和储存等产业链的各个环节

国家	发布时间	政策	主要内容
日本	2018年	《第五次能源基本计划》	日本政府提出将氢能打造成日本的"王牌"。发展方向是压缩核电发展，降低化石能源依赖度，加快发展可再生能源，以氢能作为二次能源结构基础，同时充分融合数字技术，构建多维、多元、柔性能源供需体系，实现2050年能源全面脱碳化目标
	2019年	《氢能与燃料电池技术开发战略》	确定燃料电池、氢能供应链、电解水产氢三大技术领域1个重点研发项目的优先研发事项
	2021年	《第六版能源战略计划》	日本政府首次在《能源战略计划》中引入氨能，提出到2030年，利用氢和氨所生产出的电能将占日本能源消耗的1%，主要是指在发电领域，将氢和氨用作燃料，与天然气或煤粉等混烧发电。 为了完成"2050年实现碳中和"的目标，占排放量80%的能源部门必须努力改变，火电厂要优先使用零碳的氢、氨燃料替代煤炭等化石燃料

国家	发布时间	政策	主要内容
德国	2020年6月	《国家氢能发展战略》	1.2016年至2026年间，将在氢和燃料电池技术方面提供总计14亿欧元的资金。 2.2020年至2023年，能源与气候基金将提供3.1亿欧元用于绿色氢的实践型基础研究，并计划在此期间再提供2亿欧元用于加强氢技术的实践型能源研究。 3.在2020年至2023年期间，将提供超过10亿欧元的资金用于技术和大型工业设施的投资，这些设施使用氢来对其制造过程进行脱碳。 4.2020年6月3日，联盟委员会通过了"面向未来的一揽子计划"，另提供70亿欧元用于加速德国氢技术的市场推广，还提供20亿欧元用于加深国际合作伙伴关系。 5.联邦政府预计到2030年将需要约90至110太瓦时的氢气。为了满足部分需求，德国计划建立高达5吉瓦的发电能力，包括海上和陆上能源发电设施。这相当于能生产14太瓦时的绿色氢。还预计将需要20太瓦时的可再生能源电力，如果可能的话，到2035年，不迟于2040年，将增加5吉瓦的容量
	2021年1月	《德国氢能行动计划2021—2025》	在短期内明确绿氢的可用性以及在工业过程中使用可追溯的气体的碳足迹设备；给予适当的价格激励，制氢电价将免于《可再生能源法》征税，以大幅降低成本；运输领域加强加氢站基础设施发展，支持供氢行业发展
	2021年7月	《能源经济法》	修正案为快速、分步建设纯氢管网奠定了法律基础。纯氢管网的建设将接受自愿监管，是否参与建设由氢能管网运行商自行决定。氢能管网运行商可通过提交"自愿加入声明"的方式接受监管。除其他事项外，法律对管网接入和管网使用费原则以及将现有天然气管道改换为纯氢管网也作出了相应的规定

国家	发布时间	政策	主要内容
德国	2021 年 9 月	《氢能管网收费条例》	草案对管网成本的计算作出了具体的规定,进一步细化了相关政策框架。草案还对如何将这些管网成本分摊到管网使用费作出了规定,以便将来能进行投资再融资。《氢能管网收费条例》为氢能管网基础设施投资者提供了必要的规划和投资安全保障。该条例草案在获得各联邦州的同意后即可生效
欧盟	2020 年 7 月	《欧盟氢能战略》	第一阶段为 2020—2024 年,在欧盟境内建成装机容量为 6 吉瓦的电解槽(单槽功率达 100 兆瓦),可再生氢能年产量超过 100 万吨。第二阶段为 2025—2030 年,建成多个地区性制氢产业中心,电解槽装机容量提升至 40 兆瓦及以上,可再生氢能年产量达到 1000 万吨。第三阶段为 2030—2050 年,重点是氢能在能源密集产业的大规模应用,典型代表是钢铁和物流行业
	2021 年 7 月	*Fit for 55 package*	每年总共有 500 万吨用于工业的绿色氢,另外还有 500 万吨用于运输

（续表）

国家	发布时间	政策	主要内容
英国	2021 年 8 月	*UK's Hydrogen Strategy*	1. 英国政府将与工业界合作,以实现其到 2030 年拥有 5 吉瓦低碳氢生产能力的雄心——相当于取代天然气每年为约 300 万英国家庭供电,并为运输和企业提供动力(尤其是重工业)所消耗的能量。 2. 到 2030 年,整个英国的氢经济价值可能达到 9 亿英镑,并创造 9000 多个高质量的工作岗位,到 2050 年可能会增加到 100000 个工作岗位,经济价值达 130 亿英镑;到 2030 年,通过帮助这些行业摆脱化石燃料,氢可以在化工、炼油厂、重型运输(如航运、重型货车和火车)等高污染、能源密集型行业脱碳方面发挥重要作用。低碳氢为工业中心地带的英国公司和工人提供了机会。 3. 政府分析表明,到 2050 年,英国 20%～35% 的能源消耗可能以氢为基础,这种新能源对于完成政府到 2050 年实现净零排放和到 2035 年减排 78% 的目标至关重要。到 2032 年,低碳氢经济可以节省相当于 7 亿棵树木捕获的碳的排放量,并且成为英国远离化石燃料而利用清洁能源的关键支柱
韩国	2019 年 1 月	*Korea Hydrogen Economy Roadmap 2040*	到 2040 年,生产 620 万辆燃料电池电动汽车,并推出至少 1200 个充电站。此外,该计划的目标是到 2040 年在街道上推出至少 40000 辆氢燃料公交车、80000 辆出租车和 30000 辆卡车。到 2040 年提供 15 吉瓦用于发电的氢燃料电池容量。到 2040 年,它将为家庭和建筑物提供总计 2.1 吉瓦的燃料电池,这将为 940000 个家庭提供足够的电力

国家	发布时间	政策	主要内容
韩国	2021年2月	*Hydrogen Economy Promotion and Hydrogen Safety Management Act*	为政府在氢能发展方面的努力提供了总体法律框架，并成立了"氢经济委员会"，由总理担任主席，负责监督与产业进步、运输和安全相关的问题

资料来源：各国政府官网。

案例1：英国宣布2023年天然气管道有具备在全国范围内运送氢气的能力

Britain's gas grid is set to be ready to start to blending hydrogen around the country from next year，helping provide families with more secure，homegrown energy supplies，new plans published by energy network companies announce today.

Energy Networks Association（ENA）has published *Britain's Hydrogen Blending Delivery Plan*，setting out how all five of Britain's gas grid companies will meet the Government's target for Britain's network of gas pipes to be ready to deliver 20% hydrogen to homes and businesses around the country from 2023，as a replacement for up to a fifth of the natural gas currently used. It will also mean that Britain's fleet of gas-fired power plants will be able to use blended hydrogen to generate cleaner electricity.

The companies are also calling for the UK Government to double its domestic 2030 hydrogen production target from 5GW to 10GW，to ensure that as much hydrogen as possible is produced from sources here in the UK，to better protect homes and businesses from international gas market changes.

Blending 20% hydrogen into the gas grid will reduce carbon emissions by the equivalent of 2.5 million cars a year, without any changes needed to be made to people's cookers, boilers or heating systems, ENA says.

Britain's Hydrogen Blending Delivery Plan sets out:

- A new 'Target 2023' timeline that all five of Britain's gas network companies will follow, to ensure homes are able to benefit from hydrogen as a replacement for up to a fifth of the natural gas currently used, from the winter of 2023/4 onwards.
- Two options that the Department of Business, Energy & Industrial Strategy should choose from for the energy infrastructure changes that need to be made to allow hydrogen blending to happen from 2023 — a Strategic Approach and a Free Market Approach.
- The legal changes that must be made by Government and regulatory bodies across five key 'Market Pillars' to ensure gas network companies can start blending hydrogen into the gas grid from 2023.

The Plan builds on the progress made by gas network companies through the HyDeploy project, which has demonstrated that blending hydrogen with natural gas is feasible and safe. The project began blending hydrogen into the public gas network in Winlaton, Gateshead, in summer 2021.

David Smith, Chief Executive of Energy Networks Association, says: "Whether it be heating our homes, powering our businesses or generating cleaner electricity, hydrogen will help drive up our energy security, while driving down our carbon emissions — and Britain's gas grid companies are ready to get on with the job of delivering that."

1.3　氢能源发展面临的主要挑战

氢作为一种能源的优点广为人知,主要有两个方面:首先,它的使用不会产生任何污染,尤其是没有温室气体排放的问题,这是在全球变暖威胁下,世界各国关注氢能源发展的重要推手。其次,氢能源的能量密度很高。目前压缩氢能的能量密度接近每千克 40 千瓦时,比汽油的能量密度高出几倍。可以类比的是,目前锂电池能量密度最高只有每千克 0.3 千瓦时,大部分在每千克 0.2 千瓦时以下,氢能的能量密度是锂电池的两百多倍。最后,氢在地球上的储量非常丰富,可谓是取之不尽、用之不竭。

氢能发展的主要挑战是什么呢? 正确认识这些挑战,是更有效地推动氢能应用和氢能产业发展的重要前提。

1.3.1　碳排放与氢能源的利用

欧阳明高院士指出,实现 3060 目标必须推动可再生能源规模化发展,作为无碳工业原料,氢具有不可替代性。实现"双碳"目标,主要有两条路径:一是转变终端用能的生产工艺,从技术上、源头上减少甚至消除二氧化碳的排放;二是大幅提高可再生能源在一次能源中的占比。氢能作为完全零碳排放的清洁能源,将承担这一历史使命,氢能可以帮助人类脱碳、固碳,甚至实现负碳。对于终端用能来说,可以把氢能作为主要能源,通过氢电互补体系实现工业用能领域二氧化碳排放量的减少甚至消除。在交通等方面,以氢能代替柴油、汽油等能源,也可以实现碳减排。

可以看到，氢气大发展的主要推动力来自全球范围内碳减排的需求。制氢路线的选择决定了氢能脱碳减排的功效大小，以及其对碳中和目标的贡献程度。

1.3.1.1 制氢路线

氢气的制取主要有三种主流的技术路线：以煤炭、石油、天然气为代表的化石能源重整制氢（灰氢），以焦炉煤气、氯碱尾气、丙烷脱氢为代表的工业副产物提纯制氢（蓝氢），以电解水制氢为代表的可再生能源制氢（绿氢）。未来可能发展的制氢技术路线还包括热化学制氢、光催化制氢、光电化学制氢、太阳能直接制氢技术等。

灰氢成本低、碳排放量高，是世界主要制氢来源。蓝氢成本较低、碳排放量低，但产量有限。绿氢能源转化率低、成本高，随着电力成本下降，是未来制氢的主流技术。

目前全球制氢结构以天然气制氢为主，约占 48%，灰氢和蓝氢所占比例在 95% 以上，其余为绿氢。我国制氢结构以煤制氢为主，约占 62% 左右，基本为灰氢和蓝氢（99%），绿氢仅占 1% 左右。作为世界最大的制氢国，我国当前的制氢体系结构仍需持续优化。尤其要指出的是，在我国现有的电力结构下，使用电解水制氢所产生的碳排放量非常高，甚至超过了煤制氢。这主要是因为我国主要燃煤电厂的现状。因此，未来氢气大发展和大应用的前提是实现可再生能源电力制氢，否则只能是和碳减排、碳中和的目标背道而驰。表 5 是全球与中国在 2018 年的氢气生产结构。

表 5　全球与中国的氢气生产结构（2018）[1][2]

制氢原料及方式		氢气生产结构		碳排放
		全球	中国	
化石能源制氢	煤制氢	18%	62%	20 千克 CO_2/1 千克 H_2
	天然气重整制氢	48%	19%	10 千克 CO_2/1 千克 H_2
	石油制氢	30%	18%	13 千克 CO_2/1 千克 H_2

---

[1]　IRENA. Hydrogen from renewable power：technology outlook for the energy transition[R]. Abu Dhabi：International Renewable Energy Agency，2018.

[2]　中国标准化研究院，全国氢能标准化委员会. 中国氢能产业基础设施发展蓝皮书（2018）：低碳低成本氢源的实现路径[M]. 北京：中国质检出版社，中国标准出版社，2018.

制氢原料及方式	氢气生产结构		碳排放
	全球	中国	
工业副产制氢　焦炉煤气、氯碱尾气等	\	18%	13 千克 CO_2/1 千克 H_2
电解水制氢	4%	1%	32 千克 CO_2/1 千克 H_2
其他方式制氢　生物质、光催化等	\	微量	\

注:1. 一辆氢燃料电池乘用车每百千米碳排放量 12.31 千克的假设根据在于 *Hydrogen From Renewable Power*，2017 年全球氢气生产结构中煤制氢占 18%，天然气重整制氢占 48%，石油制氢占 30%，电解水制氢占 4%。

2. 一辆氢燃料电池乘用车每百千米碳排放量 16.96 千克的假设根据在于《中国氢能产业基础设施发展蓝皮书》，2018 年我国氢气生产结构中，煤制氢占 62%，天然气重整制氢占 19%，石油和工业副产制氢占 18%，电解水制氢占 1%。

3. 根据国际能源署（IEA）数据，煤制氢造成的碳排放是 20 千克 CO_2/1 千克 H_2，天然气重整制氢造成的碳排放是 10 千克 CO_2/1 千克 H_2，石油和工业副产制氢造成的碳排放是 13 千克 CO_2/1 千克 H_2，电解水制氢造成的碳排放是 32 千克 CO_2/1 千克 H_2。

1.3.1.2　可再生能源制氢

可再生能源制氢是坚持绿色低碳发展道路的必然选择。欧阳明高院士指出，氢能的战略地位和经济合理性主要取决于可再生能源转型中的大规模长周期能量储存与多元化终端利用需求。如果基于化石能源制氢，存在能量利用效率低、二氧化碳排放高等问题。以煤、天然气等化石燃料为原料的传统煤制氢技术路线在制氢过程中会排放大量的 CO_2，并且制得的氢气中含有的硫、磷等杂质会对燃料电池系统组件造成腐蚀，因此对提纯技术有着较高的要求。相比之下，电解水制氢碳排放强度低、纯度等级高、杂质气体少，易与可再生能源结合，被认为是未来最有发展潜力的绿色氢能供应方式。

在风光水电资源丰富地区，开展可再生能源制氢示范，逐步扩大示范规模，探索季节性储能和电网调峰。协鑫新能源副总裁、首席专家冯庆东指出，可再生能源制氢可分为风电、光伏、水电、核电制氢以及光解水制氢，在场景的需求和设备的布置上具有灵活性和多样性，需要因地制宜地制订制氢解决方案。在现阶段，可再生能源制氢是由风电、光伏发电、水电，再加上部分电网低谷电，以实现连续 16 小时以上氢气制取为目标。未来还将发展核能制氢和光解水制氢等。

经济性是氢能产业可持续发展的前提。但是可再生能源制氢成本目前仍然比较高,受到电价、电解水制氢设备成本以及设备利用效率等主要因素的制约。可再生能源制氢环节或成为下一步政策出台的重点。2022 年 3 月国家发改委和能源局发布的《氢能产业发展中长期规划(2021—2035 年)》中写明,"研究探索可再生能源发电制氢支持性电价政策,完善可再生能源制氢市场化机制,健全覆盖氢储能的储能价格机制,探索氢储能直接参与电力市场交易"。2022 年6 月上海市发改委发布的《上海市氢能产业发展中长期规划(2022—2035 年)》也明确指出,"中长期,立足于建立以绿氢为主的供氢体系,推进深远海风电制氢、生物质制氢、滩涂光伏发电制氢,通过技术进步逐步降低绿电制氢成本"。

目前国内氢能政策性补贴的重点主要围绕加氢站和下游应用环节,较难传导至上游的可再生能源制氢环节,而该环节最需要专项支持和政策扶持,特别是电价专项支持方面。从长期看,财政补贴提速与技术进步作为制氢侧发展的关键驱动因素,将加速供给成本下降。

价格政策是能源管理的重要方面之一,未来使用光伏、风电制氢时,可以在电价方面给予适当的补贴和激励,将有助于提高绿氢的经济性。隆基氢能副总经理王英歌认为,光伏等可再生能源发电成本未来还会持续下降,电解水制氢设备的投资降本以及电解水制氢效率,都有提升的空间。以光伏制氢为例,其制氢成本相对高些,这其中光伏发电的电价是一大主要影响因素。欧阳明高最新撰文提及,在国务院批复建设的张家口可再生能源示范区,其团队尝试开展从可再生能源制氢到终端应用的全链条工程验证,当可再生能源电力价格低于0.15 元/千瓦时的时候,可再生能源制氢的经济性就能得以保障。

根据美国《氢项目计划》报告,美国能源部在过去的 20 年间,在氢能相关领域一共投资了 40 亿美元,主要的成就之一就是把无碳氢气(利用热重组技术与碳捕捉技术)的生产成本降低到每千克 2 美元。美国《氢项目计划》的目标是把碳中和氢气的成本下降到 1 美元。未来随着可再生能源规模的扩大以及制氢成本的降低,可再生能源制氢的爆发点将至。

1.3.2　氢能源利用的安全问题

国家能源局科技司副司长刘亚芳表示,安全性是氢能产业化发展的基础和内在要求。《氢能产业发展中长期规划(2021—2035 年)》从基本原则、技术创新，到安全监管、宣传引导，部署了一系列措施，体现了顶层设计对氢能安全问题的重视。国际上与氢燃料电池相关的比较有代表性的标准为国际标准化组织发布的与氢安全防护相关的 ISO 23273:2013、全球统一汽车技术法规发布的 GTR13 和 SAE International 发布的 SAEJ2578。氢气使用，在安全性方面，主要有如下的挑战。

1.3.2.1 氢泄漏与扩散

氢气无色无味，易泄漏扩散。氢的原子质量为 1.00794u，在 0℃ 和 1atm 下的密度仅为空气的 1/14，是自然界已知的最轻元素。目前氢气在燃料电池汽车、加氢站、分布式能源等的运用场景中主要以气态为主，氢气从高压储存系统泄漏后，在车库、加氢站、厂房等受限空间中易发生积聚，形成爆炸混合物。

缓解方案：在氢能使用的设计、制造、建设、生产、运行和维护各个环节都应有足够高的可靠性，包括人员的可靠性，以保证氢能设施和设备的本质安全。

（1）氢气泄漏安全预警系统，主要以混合气体增长速率和浓度分布作为决定应急时间和探测器分布的基本依据。

（2）在开放空间使用氢气，氢气密度小于空气，加速泄漏气体消散。

（3）在预设的区域内，比如无机械通风的车库、靠机械通风的建筑物或室外等场所，都必须满足车内外的正常排放均为不可燃。

（4）在使用氢能的大型建筑物内，如大型公共建筑、写字楼、机场港口、隧道等，必须有氢气的排放措施，严防氢气在建筑物内积聚。

1.3.2.2 氢燃烧与爆炸

氢比其他矿物燃料更具有易燃易爆性。氢气在常温常压空气中的可燃浓度为 4%～75%（体积分数），可燃范围宽；氢气在常温常压空气中的爆轰极限为 18.3%～59%（体积分数），爆轰速度为每秒 1480～2150 米。爆轰的特点是突然引起极高压力，并产生超声速的冲击波。由于在极短时间内发生的燃烧产物急速膨胀，像活塞一样挤压周围气体，反应所产生的能量有一部分传给被压缩的气体层，于是形成的冲击波由它本身能量所支持，迅速传播并能远离爆轰的发源地而独立存在，从而引起该处其他爆炸性气体混合物（或炸药）发生爆炸，这就是"殉爆"现象，即二次爆炸[①]。氢气的易燃易爆特性与石油天然气有

---

① 邬长城，薛伟，贾爱忠，等.燃烧爆炸理论基础与应用［M］.北京:化学工业出版社,2020.

很大区别，其威力和破坏性极强，其后果也要严重得多。

因此，高压储氢发生泄漏释放后，易引发火灾爆炸事故，氢气的燃烧爆炸会产生较高的温度场或压力场，对周围的人员、财产产生巨大危害。对燃烧爆炸问题的有效预测对于确定安全距离、保证安全操作、保护人身财产安全具有重大意义。由此可见，氢设备的严密性和防泄漏安全系统极为重要。

缓解方案：利用大数据和智能技术分析氢能系统运行状态，诊断系统的故障和进行风险研究。

（1）被动安全系统：采用单向阀门和安全阀的设计，让意外的燃爆不产生人体和环境的破坏。

（2）主动安全系统：通过电气控制的系统识别各传感器监控的异常状态，主动控制阀门动作，关闭供氢系统，进而保证车辆和人员的安全。

（3）减少氢能源在乘用车领域的使用，主要原因是乘用车的使用主体是数以千万计的普通消费者，分布分散且没有相关专业知识，很难规范使用规则。而且乘用车往往停放在封闭空间中。

1.3.2.3　氢与金属材料的相容性

氢对钢制管道和设备具有劣化性，易发生氢腐蚀和氢脆。钢在高温高压氢环境中服役一定时间后，氢可与钢中的碳反应生成甲烷，造成钢脱碳和微裂纹，导致钢性能不可逆地劣化。温度越高、氢分压越大，钢的氢腐蚀越严重。当金属吸收内部氢或外部氢后，局部氢浓度达到饱和时，将引起塑性下降，诱发裂纹或延迟断裂。钢材中氢使机械性能脆化，这个现象称为氢脆[①]。在冶炼或焊接过程中，若不采取严格的措施，将使钢材中的氢含量增加；充有氢的管道或压力容器中的氢会渗透到钢材中，钢材被氢侵入，降低强度，并脆化开裂而失效。

由于氢气对输送管道和设备材料存在着发生氢脆的可能性，因此与输油和天然气相比有着更特殊的材料要求。涂善东院士认为，在初期发展阶段，安全至关重要，是影响技术进步和产业发展的关键因素，保障氢能本质安全的基础是材料。当前，氢能的推广迫切需要抗氢损伤的高强材料。郑津洋院士认为，要实现氢气或者掺氢天然气管道的安全可靠运输，未来面临着不小的挑战。陈学东院士认为，氢能产业关键技术仍需突破，氢气储存、输送方面目前还有很多

---

① 参见中华人民共和国国家标准《氢系统安全的基本要求》（GB/T 29729—2013）.

关键技术问题没有解决，主要涉及关键装备的本质安全问题。尽管学术界在氢对材料的相容性方面进行了大量的讨论，但现有的研究成果不足以满足氢能发展的需要。

缓解方案：加强氢能设施与设备的材料适用性与相容性研究。

（1）研究方向向"选取抗氢涂层覆盖""阻止氢在材料内部的扩散""在微结构调控引入抗氢的成本"倾斜。

（2）攻克关键技术，如低成本高强度抗氢脆材料、高性能氢能管道设计制造技术、氢能管道系统运行和控制技术以及氢能管道系统应急和维护技术。

（3）加速制定相关标准。

（4）国内院所、高校、企业要坚持问题导向、协同攻关，推动创新链和产业链融合发展，实现氢能产业链的重要设备风险安全可控。

如上所述，因为氢气在氢生产、设备制备、储存、运输、加注和使用过程中均有潜在的泄漏和爆炸的危险，在大规模商业化推广使用前，安全是必须考虑的重要问题，因此氢安全也将是决定氢能被广泛使用的前提。为此，许多国家成立了专门的研究机构开展氢安全研究①，以期在氢能产业化过程中占据主动权和制高点，如日本供氢及氢应用技术协会（Hy-SUT）、日本氢能检测研究中心（HyTReC）、美国圣地亚国家实验室（SNL）、欧盟燃料电池和氢气联合协会（FCH2-JU）、北爱尔兰氢安全工程研究中心（HySAFER）、加拿大电力科技实验室（PowerTech）等。国际上也专门成立了国际氢安全协会（IA-Hysafe）来推动氢安全的发展。

我国适用能源领域的安全法律有《中华人民共和国安全生产法》《中华人民共和国电力法》《中华人民共和国煤炭法》《中华人民共和国石油天然气管道保护法》《危险化学品安全管理条例》等。根据《危险化学品安全管理条例》，氢气与石油天然气一样被列为危险化学品，序号为 1648，CAS 号 1333－74－01649，属 1 类易燃气体。在这样的情况下，氢气的储运和基础设施都面临非常严峻的挑战。干勇院士在一次演讲中明确表示，易燃易爆并不可怕，关键是制定出合乎实际的标准。氧气最初也被视作一种危险品，目前在各个领域的应用非常广泛。

---

① 郑津洋,刘自亮,花争立,等.氢安全研究现状及面临的挑战[J].安全与环境学报,2020,20(1)：106－115.

因此，当前从政策层面，要做的工作是发展且完善系统的氢能使用规范和标准，以满足整个氢能经济的发展。譬如，在输氢管道及相关设施保护、氢安全应急与救援，氢气输送与天然气输送的关系，民生用氢的安全规范，政府氢能安全管理与监管职责的划分等政府安全管理或监管方面尽快作出相应的氢能安全发展与利用的法规建设①。

在标准规范之前，甚至在标准制定之后，可以预见的是，氢能安全会是氢能产业发展的一个重要约束条件。因此，在思考商业模式的时候，认真地考虑这个约束条件是非常重要的。

1.3.3 氢能源利用的成本问题

氢能的使用成本和经济性，一直以来受到广泛关注。氢能产业链主要由上游的制氢环节、中游的储氢运氢环节及下游的应用环节组成。在目前氢能源产业链企业可获得相关政府补贴的前提下，氢气在供应平稳时的终端价格仍可达到 60～80 元/千克。氢气价格高企，主要由于上游制氢端和中游氢气运输环节成本较高。了解氢能各环节的细分成本，探寻降本路径，是氢能源获得进一步发展，走向大面积应用的重要一步。

1.3.3.1 制备环节成本分析

我们对不同制备方式下的制氢成本进行分析对比：

（1）化石能源重整制氢。化石能源制氢技术成熟，成本低，具体可分为煤炭制氢和天然气制氢（见表 6、表 7）。

表 6　煤炭制氢成本分析测算②③

项目	成本	
	按体积（元/立方米）	按质量（元/千克）
煤炭	0.340	3.808
氧气	0.210	2.352
辅助材料	0.043	0.482

① 谢国兴.关于氢能安全的几点思考[EB/OL].（2021-09-06）[2021-10-15].https://www.sohu.com/a/487997977_121123711.

② 张彩丽.煤制氢与天然气制氢成本分析及发展建议[J].石油炼制与化工,2018(1):94-98.

③ 数据来源:东吴证券 2022《氢能系列研究二:产业链经济性测算与降本展望》.

项目	成本	
	按体积（元/立方米）	按质量（元/千克）
燃料动力能耗	0.069	0.773
电	0.024	0.269
循环水	0.008	0.090
新鲜水	0.001	0.011
脱盐水	0.036	0.403
直接工资	0.012	0.134
制造费用	0.135	1.512
财务及管理费	0.060	0.672
成本	0.869	9.733
出厂价格（15%毛利）	0.999	11.193

资料来源：行业研究院测算。

注：1. 制氢规模：以单个项目为例，假设制氢装置规模为 90000 立方米/小时；

2. 总投资：建设投资共 12.4 亿元（装置界区内，建设投资不含征地费以及配套储运设施），折旧年限 10 年，残值率 5%，年修理费 3%，采用线性折旧；

3. 煤炭成本：煤炭不含税价格为 450 元/吨。考虑生产过程的转换关系，假设每立方米氢气所需煤炭为 0.76 千克，则约合每千克氢气的煤炭成本为 3.8 元；

4. 其他原料成本：假设氧气外购价格为 0.5 元/立方米，电价为 0.56 元/千瓦时，新鲜水价格为 4 元/立方米；同时假设每立方米氢气所需氧气 0.42 立方米，耗电 0.043 千瓦时；

5. 财务费用：按建设资金 70%贷款，年利率为 5%。

表 7　天然气制氢成本分析测算[1][2]

项目	成本	
	按体积（元/立方米）	按质量（元/千克）
天然气	1.000	11.200
辅助材料	0.014	0.157

① 张彩丽. 煤制氢与天然气制氢成本分析及发展建议[J]. 石油炼制与化工, 2018(1)：94 - 98.

② 数据来源：东吴证券 2022《氢能系列研究二：产业链经济性测算与降本展望》。

项目	成本	
	按体积（元/立方米）	按质量（元/千克）
燃料动力能耗	0.184	2.061
电	0.020	0.224
循环水	0.002	0.022
新鲜水	0.001	0.011
脱盐水	0.022	0.246
3.5MP 蒸汽	−0.018	−0.202
1.0MP 蒸汽	0.000	0.000
燃料气	0.157	1.758
直接工资	0.012	0.134
制造费用	0.065	0.728
财务及管理费	0.029	0.325
成本（标准状态）	1.304	14.605
出厂价格（15%毛利）	1.500	16.796

资料来源：行业研究院测算。

注：1. 制氢规模：以单个项目为例，假设制氢装置规模为 90000 立方米/小时；

2. 建设投资共 6 亿元（装置界区内，建设投资不含征地费以及配套储运设施），折旧年限为 10 年，残值率 5%，年修理费 3%，采用线性折旧；

3. 天然气成本：假设天然气不含税价格为 2.5 元/立方米，每立方米氢气所需要的天然气为 0.4 立方米，对应每千克氢气生产需要天然气成本 11.2 元；

4. 其他原料成本：假设电价为 0.56 元/千瓦时，新鲜水价格为 4 元/立方米，3.5MP 蒸汽价格为 100 元/吨，1.0MP 蒸汽价格为 70 元/吨；

5. 财务费用：按建设资金 70%贷款，年利率为 5%。

（2）工业副产物提纯制氢，我们测算成本如下（见表 8）：

表 8　工业副产物提纯制氢成本分析

项目	焦炉煤气	氯碱化工	丙烷脱氢	乙烷裂解	合成氨与合成甲醇
生产成本/(元/立方米)	—	1.10～1.40	1.0～1.30	1.10～1.30	0.80～1.50
提纯成本/(元/立方米)	—	0.10～0.40	0.250～0.50	0.25～0.50	0.50
综合成本/(元/立方米)	0.83～1.33	1.20～1.80	1.25～1.80	1.35～1.80	1.30～2.00
换算质量成本(元/千克)	9.23～14.79	13.35～20.02	13.90～20.02	15.02～20.02	14.46～22.25
出厂价格(15%毛利)	10.61～17.01	15.35～23.02	15.99～23.02	17.27～23.02	16.63～25.59

资料来源：行业研究院测算。

（3）可再生能源制氢：我们主要探讨碱性电解水制氢技术与 PEM 电解水制氢技术的成本情况（见表 9），由于 SOEC 电解技术还未广泛商业化应用，所以暂不研究其制氢成本。基本假设：全负荷运行时间为 7500 小时/年，电费为 0.7 元/千瓦时。

表 9　可再生能源制氢成本分析

项目	碱性电解水技术	PEM 电解技术
电力成本	43.344	39.202
设备成本	3.024	14.899
电解槽	1.512	8.939
系统辅机	1.512	5.960
总成本/(元/千克)	46.368	54.101

资料来源：行业研究院测算。

对比碱性电解与 PEM 电解方法，可发现碱性电解水制氢成本中电力成本占比更高，而 PEM 电解技术中设备成本占比更高。造成这一区别的主要原因为，PEM 技术的关键设备及材料需要依靠进口，且尚未实现使用 PEM 技术进行规模化制氢。

电解水制氢的主要影响因素为电价成本，当电价为 0.7 元/千瓦时的时候，电费占碱性电解水技术制氢总成本的 93%，占 PEM 电解技术制氢总成本的

72%。其他条件不变,当电价介于 0.1~0.6 元/千瓦时的时候,碱性电解槽电解水制氢的成本介于 9.216~40.18 元/千克之间,PEM 电解技术制氢的成本介于 20.50~48.50 元/千克之间。

1.3.3.2 运输环节成本分析

目前常用的三种氢气运输方式包括长管拖车高压运氢、液氢槽车及输氢管道管网运输。其中,又属长管拖车应用最为广泛。氢气运输成本主要与运输距离、单次运量及相关配套成本有关,据此做出如下测算(按运输距离 100 千米计算,见表10)。

表 10　氢气运输成本分析:长管拖车 vs.液氢槽车

项目		长管拖车高压运氢(20MPa)	液氢槽车
固定成本	设备/管道折旧	3.507	3.014
	人工费	3.288	1.644
	车辆保险	0.110	0.055
	维护费用	—	—
变动成本	燃油费	0.780	0.390
	压缩电费	0.770	7.700
	车辆保养	0.120	0.060
	过路费	0.600	0.300
合计成本/(元/千克)		9.174	13.162
运输价格(15%毛利)		10.550	15.137

资料来源:行业研究院测算。

注:1.长管拖车测算假设:氢源距离加氢站 100 千米,加氢站规模为每天 500 千克;长管拖车有效运氢量 280 千克/车(20MPa);拖车车头油耗 0.3 升/千米,柴油价格 6.5 元/升;车头及长管拖车造价共 120 万元,充氢压缩设备价格 200 万元,均为 10 年直线折旧;每车配备司机 2 人(需倒班),人员费用 15 万元/年;车辆保险费用 1 万/年,保养费用 0.3 元/千米,过路费 1.5 元/千米;压缩系统能耗 1.1 千瓦时/千克,电费 0.7 元/千瓦时。

2.液氢槽车测算假设:在长管拖车假设的基础上,将有效运氢量改为 3000 千克/车,液氢槽车造价 350 万元,压缩系统能耗 11 千瓦时/千克。

输氢管道造价高昂,每千米可达 30 万~100 万美元。在利用率不高于

20%时,每千克氢气输送成本接近长管拖车运氢成本。在当前的氢能源利用量级和加氢站分布情况下,输氢管道运氢不具有经济性。但随着氢气使用规模的上升,输氢管道运氢可在远距离(大于1000千米)运氢中发挥作用。同时,利用现有天然气管道进行氢气运输的可行性方案也在研究中。

1.3.3.3　其他成本

作为氢产业链的下游,加氢站相关成本也是氢气利用成本中的重要一环(见表11)。

表11　加氢站建设及运维成本分析

项目	成本/(元/千克)
设备折旧	2.192
土建折旧	0.365
运营成本	5.479
总成本	8.037
单位价格(15%毛利)	9.242

资料来源:行业研究院测算。

注:1. 假设单站500千克/日加氢量,设备采购600万元,土建安装200万元;

　　2. 假设设备折旧15年,土地房屋折旧30年,直线折旧法;

　　3. 假设管理维护及人工成本100万元/年。

根据这些测算,我们可得出两个重要的结论。首先,氢气制备环节,我们前面的分析表明,电解水制氢是碳中和目标下最具有确定性的发展方向。但是电解水制氢的成本最高,成本的主要构成是电力消耗的成本。在未来,能够实现电力成本大幅度下降,同时又符合碳减排方向的方案,只能是可再生电力制氢。当前光伏发电的成本下降很快,更为重要的是,在电力系统消纳能力有限的情况下,存在大量的可再生电力被弃用,或者以零元价格销售的现象。这为可再生电力制氢的长足发展提供了可能性。PEM设备的成本也很高。相关组件的国产化是推动成本降低的重要手段。其次,运输成本也是氢能使用成本偏高的重要原因。随着运输距离的增加,氢能运输成本也随之增加。业界的共识是,如运输距离超过200千米,氢能的使用就不具备经济性了。同时考虑到氢能运输过程中的安全性,所以在未来,至少在短期,氢能最有可能发展的方向是实现分布式的制备和使用。这样可以很好地绕开运输中的安全和成本问题。

1.4　交通领域的应用：氢燃料电池汽车

1.4.1　氢燃料电池汽车行业

从前面政策分析可以看到，氢能在交通领域的应用，是当前政府政策支持的重点，所以在短期内的发展有确定性。在道路交通领域的"脱碳"进程中，基于锂电池的电动汽车，是当前发展的主流。未来电动汽车的发展，取决于它能否成功地解决电池回收的技术和经济性问题。如果这两个问题解决不了，废旧电池产生的污染问题和动力电池所需重金属材料的耗竭问题，会成为电动汽车新一步发展的障碍。请参考课题组的分报告二《电池回收：电动汽车产业的滑铁卢？》。

即使动力电池的回收问题得到有效解决，基于锂电池的纯电方案，因为电池重量和能量密度，还是很难用来满足长途商用车的需求。氢燃料电池方案是长途商用车电动化的重要选项。在氢燃料电池技术成熟的背景下，短期内行业可能会进入政策蜜月期，行业发展有望迎来第一次加速。随着全国与地方性氢能推广支持政策的陆续出台，相关企业的营收开始起步，产业链的活跃也确定性启动。图1展示了氢燃料电池在各种交通运输方式中的应用。

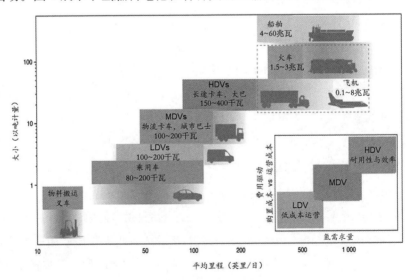

图1　氢燃料电池车的应用领域

（资料来源：*New roads and challenges for fuel cells in heavy-duty transportation*）

案例 2：美国将推出世界首艘完全由氢燃料电池驱动的商用渡轮

2022 年 4 月 21 日，美国斯维奇海事公司（Switch Maritime）表示，将推出世界首艘完全由氢燃料电池驱动的海洋变革号（Sea Change）商用氢燃料电池渡轮，该渡轮将很快在旧金山湾区投入使用。全长约 21 米的铝制双体客运渡船，有三个氢燃料电池为两个螺旋桨提供动力，可搭载 75 名乘客，将为旧金山海滨多个停靠点提供服务。

（资料来源：https://baijiahao.baidu.com/s? id=1730728441464225995&wfr=spider&for=pc）

1.4.2 全球市场规模

随着各个国家氢能产业的推进和技术的成熟，交通领域应用的商业化进程正在加速，且交通运输领域成长性最强。据 E4Tech 数据，2020 年全球交通运输用燃料电池出货量为 994 兆瓦（见图 2），近五年 CAGR（复合年均增长率）达 34.1%，其占全球燃料电池出货量的比例从 2015 年的 38.2% 提升至 2020 年的 75.4%[①]。

① 数据来源：E4Tech：*E4tech Fuel Cell Industry Review* 2020.

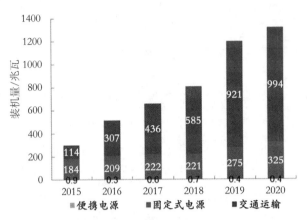

图 2　全球燃料电池不同应用领域装机量

（资料来源：2021 国联证券《氢风已至，蓄势待发——氢燃料电池汽车篇 & 氢能行业深度报告系列三》）

在世界各国中，韩国氢燃料电池汽车的销量遥遥领先，中国弱于日美韩（见图 3）。2021 年，全球主要国家共销售氢车 16313 台，同比增长 68%，韩国占据总销量的 52%。受强势补贴政策驱动，韩国市场延续了 2020 年的增长势头，全年共售出 8498 台氢车，约占全球总销量的一半。美国全年氢车销量为 3341台，较 2020 年激增 2.5 倍，主要原因是 2020 年疫情导致销量基数过低；日本全年共售出氢车 2464 台，同比增长 67%，主要受益于 2020 年底新一代丰田 Mirai的上市。德国共售出氢车 424 台，同比增长 38%。中国全年氢车销量为 1586 台，同比增长 35%。全球主要国家氢车保有量为 49562 台，同比增长 49%。

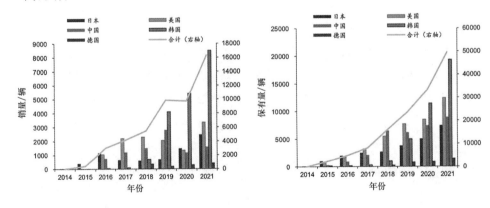

图 3　全球氢车销量及保有量

（资料来源：2022 华泰证券《迈入燃料电池技术快速发展的十年》）

1.4.3 中国氢燃料电池汽车

中短期来看,各地政府相继出台政策推广氢燃料电池车及加氢站建设,《节能与新能源汽车技术路线图 2.0》规划到 2025 年在全国范围内推广氢燃料电池车 10 万辆,2030—2035 年推广达到百万辆。在推动氢能源产业发展的地方性示范项目中,氢燃料电池汽车是主要的关注点。

2021 年中国确定首批氢能示范城市群:北京市大兴区、上海市和广东省佛山市牵头的京沪粤三个城市群入选。2022 年初,由郑州市牵头的河南城市群、张家口牵头的河北城市群加入,氢燃料电池示范城市群"3+2"的格局形成。2021 年 11 月,广东省发改委印发了《广东省加快氢燃料电池汽车产业发展实施方案》,要求加快整合省内氢燃料电池车产业资源,打造粤港澳大湾区氢燃料电池车产业发展示范区,并计划以重载运营货车、中远程物流车、工程车、港口作业车为重点,加快氢燃料电池商用车和专用车推广应用,同时鼓励整车企业与物流企业合作,推动燃料电池物流车规模化应用。同一时间,上海城市群燃料电池汽车示范应用工作第一次联席会议召开,标志着上海城市群示范工作的正式启动。按照 2020 年 11 月上海发布的《燃料电池汽车产业创新发展实施计划》,到 2023 年,上海燃料电池汽车产业发展实现"百站、千亿、万辆"的总体目标,规划加氢站接近 100 座并建成运行超过 30 座,加氢网络全国最大,形成产出规模约 1000 亿元,推广燃料电池汽车接近 1 万辆。苏州和南通是上海示范城市群的两个重要城市,也分别制定了规划。

从广东的规划可以看出,重载运营货车、中远程物流车、工程车、港口作业车是当前燃料电池汽车发展的重点。这主要是因为:政府对这些类型车辆的干预能力强,且下游整车厂相对集中,因此客车和货车或将最先受益;重卡则因其载重、续航、低温的高要求而对氢燃料电池推广最为急迫。对比电动汽车发展趋势,天风证券研报指出,氢能源电池汽车已进入导入阶段(见图 4)。

根据中金公司测算,到 2030/2060 年,氢燃料电池车(商用车及乘用车)年销量将分别达到 29 万辆/200 万辆,氢燃料电池车保有量达 134 万辆/1546 万辆(见图 5)。券商报告中,中金公司预测相对保守。

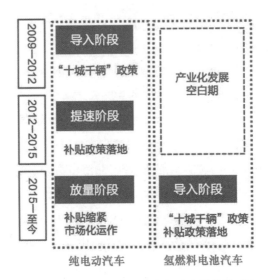

图4 电动汽车与氢能源汽车行业发展趋势对比

（资料来源：2022天风证券《氢能及燃料电池专题研究（1）——氢能及燃料电池产业链综述》）

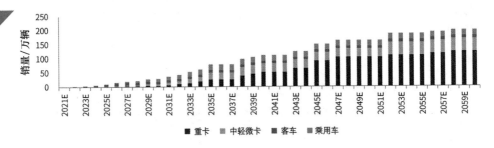

图5 氢燃料电池车销量预测（分品类）

（数据来源：2021中金公司《碳中和必由之路，氢能基建有望开启》）

1.4.4 氢燃料商用车主要应用场合及其发展

政府的政策指引和各大券商的报告，都认同大载重量的商用车是目前氢能源电池汽车发展的主要方向，本课题组非常认同这种观点。这不仅仅是因为乘用车市场已有电动汽车的疯狂发展。更重要的，这也是规避风险、控制成本的考量。首先，商用车的行驶路线固定，所以不用全社会广泛布点加氢站；其次，商用车的泊车空间大多是开放式的，发生爆炸的风险很小。乘用车的泊车空间大多是地库等封闭性的空间，有产生爆炸的风险；最后，商用车比较能实现规范管理,定期维护,因此也有助于风险管控。

1.4.4.1 客车

政府对下游客车干预能力强,且下游整车厂相对集中,氢能客车正在成为最先放量的氢能应用场景。目前氢能客车的应用主要集中在城市客车和城郊客车领域,城市客车主要以市内各支、干线公交应用场景为主,城郊客车应用场景主要以城市主城区与城市郊区及短途城际线路为主。城市客车线路固定,路况较好,一般市内公交车单程运行距离约 20 千米,一天总运行里程在 200 千米以下。城郊客车运营距离长,路况更加复杂,对道路、气候环境的适应性要求高。

当前最具规模的氢能客车示范在京津冀城市群,氢燃料电池客车依托北京冬奥会大规模示范应用。根据冬奥组委会提供的数据,在本届北京冬奥会期间,场馆内有超过 80% 的交通设施是由节能汽车或者新能源汽车组成,其中示范运营的氢能源汽车就超过了 1000 辆且大部分为氢能源客车。冬奥会延庆赛区中,燃料电池汽车承担观众或工作人员的运送服务,根据规划,延庆赛区赛时燃料电池车的客运服务应用规模为 212 辆,赛后车辆用于市区连接的公交服务。作为全球首次大规模的氢燃料电池车运行案例,本届北京冬奥会也被业内视为氢燃料电池汽车起飞的新起点。

国家电力投资集团有限公司为北京冬奥延庆赛区提供交通接驳保障服务,提供氢能客车与 200 余人的运营及保障团队。国家电投正在建设中关村延庆氢能产业园,一期延庆园加氢站、二期冬奥配套制氢站已建成,三期研发测试区计划今年开工建设。其中,一期加氢站每天可为 60 辆氢燃料客车或 200 辆中小型氢燃料车辆提供加氢保障。由于客车采购较为集中,其销量增长确定性较强。由于公交车等主要由政府采购,集中度较高,一旦氢燃料技术成熟,客车领域的渗透率将有望迅速提升,贡献销量增量。

1.4.4.2 重卡

氢燃料重卡的特点是适合于重载、长途场景,能够解决纯电动产品目前难以解决的场景需求,也被认为是未来商用车新能源化的发展路径。干线距离 1000～1500 千米,主要采用的车型是重卡,这样的场景对于换电和纯电模式而言,都无法满足,未来的方向是氢燃料路线。

当前氢燃料电池市场主流仍以大中客为主,主要由于中小功率燃料电池系统可以与此类车辆所需的马力适配,同时可以获取较大的补贴优惠。未来在技术发展和补贴驱动下,伴随着燃料电池功率增大,氢燃料电池重卡应用将加速发展,同时由于燃料电池天然的高功率和能量密度的特点,使得其更能满足重卡对于载重量的要求。

工信部推荐燃料电池车型数量持续增加,推荐车型从客车转向重卡。根据工信部《新能源汽车推广应用推荐车型目录》(2017—2021 年),2017—2021 年累计共推荐 760 款新能源汽车,其中,2021 年共推荐车型 303 款,客车、重卡、环卫车和低温冷藏车推荐车型数量占比分别为 33.0%、20.3%、21.2% 和 12.7%,2019 年客车推荐车型占比为 69%,2021 年出现较大下滑,重卡占比大幅增加,推荐数量占比从 2019 年的 3% 增长至 2021 年的 20.3%(见图 6)。

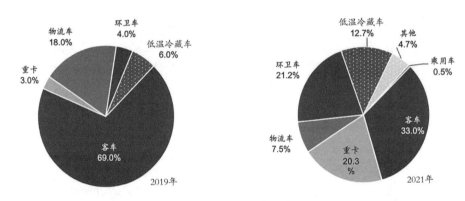

图 6　工信部推荐车型变化

(数据来源:2022 华泰证券《迈入燃料电池技术快速发展的十年》)

但是目前距离实现氢能源重卡商业化尚需一段时间,需后期政策和配套进一步跟进。北汽福田判断[①],氢燃料重卡实现商业化还需 6～7 年,最少需要 20 年才能实现氢燃料重卡完全替代重型柴油重卡。如果后期当重卡补贴政策明朗,以及相关应用实现新能源化(如绿色矿山、绿色电厂、绿色码头等),重卡在短倒牵引的使用将逐步增加,长期随技术发展后,长途牵引也将贡献重卡增量。

---

① 杜巧梅.北汽福田总经理武锡斌:氢燃料重卡实现商业化还需 6—7 年[EB/OL].(2022 - 04 - 09)[2022 - 06 - 15].https://www.cenews.com.cn/news.html? aid=966389.

案例3：一汽解放自主研发的国内首款氢气直喷发动机点火成功并运行稳定

2022年6月8日，由一汽解放自主设计研发的国内首款重型商用车缸内直喷氢气发动机成功点火并稳定运行。本款氢气发动机属13L重型发动机，运转功率超500马力，同级排量动力最强，指示热效率突破55%，具有技术首创、行业首发、国际领先三大特点，标志着我国氢气直喷发动机自主研发取得重大突破。

一汽解放作为"国车长子"，积极贯彻落实国家"双碳"目标，于2021年发布"15333"新能源战略，吹响了向新能源转型的"冲锋号"。氢气直喷发动机的成功点火，是一汽解放为商用车传统动力可持续发展、零碳动力变革转型提供的又一划时代解决方案，标志着"15333"新能源战略迈出又一坚实步伐。本次发布氢气直喷发动机所基于的零碳氢基内燃动力孵化平台，具备氢气单燃料缸内直喷、氢气单燃料缸内和气道混合喷射、氨气和氢气双燃料喷射能力，可灵活转化成氢气、氨气等净零碳燃料产品，是一汽解放零碳动力研发领域的重要里程碑，必将持续引领中国商用车零碳动力转型发展。

面对百年未有之大变局及全球能源格局的深刻调整，一汽解放将继续坚定技术领先和产品领先战略，围绕"双碳"目标，勇当世界和中国商用车新能源智能转型发展的引领者、产业链供应链的构建者、产业生态系统的主导者、人—车—社会和谐发展的创造者，努力为强大中国汽车产业，推动中国商用车低碳发展、绿色发展、转型发展作出新的更大贡献。

（资料来源：一汽解放公众号《一汽解放氢气直喷发动机行业首发点火成功！》，2022）

案例4：图森未来联合创始人独立再创业，瞄准氢燃料重卡方向，获投8000万美元

陈默，图森未来联合创始人、图森未来前执行董事长，官宣创立造车公司，名叫HYDRON。该公司瞄准氢燃料重卡方向，目标是研发、设计、制造和销售可搭载L4级别自动驾驶功能的氢燃料重卡，以及提供加氢基础设施服务。公司总部位于美国加州洛杉矶，建厂制造已提上议程，第一代产品预计2024年第三季度就会交付。据称，量产车型将搭载满足L4级别自动驾驶功能的全套传感器、计算单元和冗余执行器。

　　该项目是陈默的独立再创业项目,与其之前参与创立的全球自动驾驶第一股图森未来并无股权等直接关系。作为陈默发起的连续再创业项目,智能车参考从 VC 渠道获悉,Hydron 进展神速,水下启动以来便完成了 2 轮融资,总融资额超过 8000 万美元,B 轮投前估值已达 10 亿美元。

(资料来源:智能车参考,《图森无人车创始人造项目曝光:氢燃料重卡,获投 8000 万美元,已成独角兽》,2022)

1.4.4.3　物流车

　　根据氢云链,快递示范项目集中在京沪粤三个示范城市群地区,江沪浙等传统电商大省是快递公司氢车项目的主要地区。这与全国网购数据情况相符,江浙沪一带是电商聚集地,江浙沪三大地区的电商交易量几乎占据全国的半壁江山(见图 7)。江浙沪地区各城市距离适宜、加氢站数量相对密集,也是众多快递公司落地氢燃料电池示范的重要原因。[1]

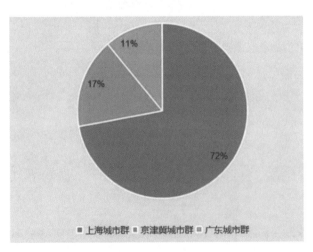

图 7　各城市群快递企业燃料电池车项目数量占比情况

(资料来源:氢云链数据库)

---

　　① 氢云链.邮政氢车示范!了解 2018—2022 年快递公司燃料电池汽车应用情况[EB/OL].(2022－03－11)[2022－05－13].http//baijiahao.baidu.com/5? id＝17I7016274372779840&wfr＝spider&for＝pc.

从目前快递企业的规划来看,燃料电池车主要用于干线物流和城际路线,短距离的锂电就可以满足。菜鸟联合浙江大学发表的2022十大物流科技趋势也指出,氢燃料电池重卡进入商用快车道,将变革干线物流。北汽福田总经理武锡斌(2022)认为[①],在城市的场景下,在200千米以内的城市配送未来就是纯电动,这是比较确定的方向。从各快递企业的项目数来看,京东和邮政位列前茅,阿里系紧随其后(见图8)。作为京东电商自身的快递物流环节,京东布局氢能有着其自身的战略意义。排名第二的邮政作为央企,承担着氢能示范应用的重任。同时,邮政在示范项目中不只是局限于干线物流。2021年5月,张家口氢能科技有限公司第一批(5辆)氢燃料物流专业车MIKI正式交付张家口邮政使用。由于氢燃料电池车成本相对较高,且缺乏运营经验,租赁模式是快递公司前期试点的主要方式。

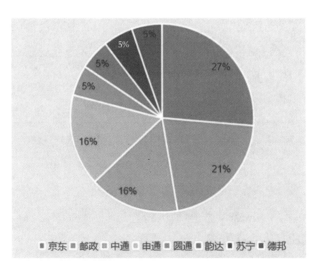

图8 快递企业燃料电池汽车示范项目数量情况

(资料来源:氢云链数据库)

---

① 杜巧梅.北汽福田总经理武锡斌:氢燃料重卡实现商业化还需6—7年[EB/OL].(2022-04-09)[2022-06-15].https://www.cenews.com.cn/news.html?aid=966389.

1.4.4.4 其他应用场景

除了客车、重卡和物流车之外,氢燃料电池汽车的其他应用还包括以下几个方面,如表 12 所示。

表 12 其他氢燃料电池商用车应用场景

应用场景	应用场景描述	车型特点
市政环卫	分为运输型和作业型,运输型车以压缩式垃圾车/车厢可卸式垃圾车为主,纯电动产品可满足运输型车辆绝大部分使用需求	作业型车有洗扫、湿扫、高压清洗、低压清洗、抑尘等,日运营里程短,但载重大,车速低于 10 千米/小时,作业时间较长
城市渣土自卸车	主要运输城市基建、房地产开槽、河道修建、道路修建所需原料及产生的废料,运输品以渣土、建筑垃圾、砂石料为主	渣土运输场景线路相对固定,载重 25～35 吨,日运营里程为 200～300 千米,平均运行车速为 30～50 千米/小时
倒短牵引车	车辆主要运输商品车成品及半成品、煤炭、钢材、生活必需品、建筑材料等大宗货物	载重 25～35 吨,短距离往返于物流园和大型企业之间及火车站、码头等,日均运营里程为 100～200 千米,平均车速 30～60 千米/小时

资料来源:《免征车辆购置税的新能源汽车车型目录》,根据公开资料整理。

1.4.5 氢燃料电池汽车市场的主要竞争格局

不同于传统燃油车,燃料电池商用车并非车厂独立研发生产,而是商用车厂与电堆/发动机厂商合作开发。

动力总成:目前国内氢燃料电池首先在商用车领域展开布局,动力总成主要集中在三大阵营。

丰田阵营(合作厂商:上海重塑、亿华通):2019 年上海重塑与丰田合作进行系统集成后,搭载于一汽集团及苏州金龙等巴士车辆。2019 年亿华通开始与丰田的合作,于 2020 年 8 月与丰田、中国一汽、东风汽车、广汽集团、北汽集团合资设立燃料电池系统研发(北京)有限公司,于 2021 年 3 月与丰田合资设立华丰燃料电池有限公司(FCTS)。

巴拉德阵营(合作厂商:国鸿、重塑、大洋电机、潍柴动力):均通过与巴拉德建立合作关系以实现燃料电池商用车膜电极、电堆等核心技术引进。与巴拉德的合作方主要包括:①2016年大洋电机出资认购巴拉德9.9%股权,建立战略合作伙伴关系,获取9SSL燃料电池模块组装技术;②2016年巴拉德与广东国鸿氢能科技有限公司成立广东国鸿巴拉德氢能动力有限公司(广东国鸿氢能科技持股90%,巴拉德持股10%),生产基于9SSL电堆技术的燃料电池堆及模块产品;③2018年巴拉德与潍柴动力成立潍柴巴拉德氢能科技有限公司(潍柴持股61%,巴拉德持股49%),独家生产基于新一代LCS电堆技术的燃料电池电堆及模块产品。

自主研发阵营(上汽、广汽、长城、比亚迪等):上汽集团2020年9月发布中国汽车行业首个氢战略,计划在2025年前推出至少10款燃料电池整车产品,上汽集团旗下上汽捷氢科技形成万辆级燃料电池整车产销规模,市占率目标为10%以上;2021年,上汽集团便与上海机场集团签署合作协议,双方探索使用燃料电池车并计划联合建设加氢站等基础设施。此外,广汽、长城、比亚迪(联合蜀都客车)均积极布局氢燃料电池汽车产品(见图9)。自主研发路线面临的技术壁垒是最高的,特别是在一些核心部件上至今没有实现国产化。

图9 商用车燃料电池系统竞争格局

(资料来源:野村综研《潍柴动力(000338.SZ):深度挖掘氢标的,重卡龙头新机遇》,2022)

案例 5：国内动力总成代表性企业

亿华通：国内燃料电池发动机系统龙头厂商，致力于氢燃料电池车发动机系统的研发，目前已开发应用于客车、物流车等商用车的燃料电池系统集成与控制技术、电堆设计与集成技术等，产品性能接近国际领先水平。研发方面，采用"由表及里"的纵向开发模式，层层深入将技术链逐环解耦。已经从燃料电池发动机研发逐步深入电堆研发，未来还将布局燃料电池膜电极等。生产方面，生产线已实现半自动化，持续提升自动化水平和标准化程度，以实现规模效应、降低成本。销售方面，采用"点—线—面"的市场拓展策略。依托张家口、郑州、上海等七大核心城市拓展直线距离不超过 500 千米的燃料电池推广城市。远期，随着大规模制氢技术突破，建设氢能产业大区域。客户方面，2020 年国内装配率第一，公司已与宇通客车、北汽福田、中通客车、申龙客车及吉利商用车等众多优质下游客户建立稳定合作关系，并获宇通客车及申龙客车注资。供应方面，提升发动机系统零部件国产化率，建立稳定的供应链体系并降低生产成本。

潍柴动力：潍柴动力是中国综合实力最强的汽车及装备制造产业集团之一。公司始终坚持"产品经营＋资本运营"双轮驱动的运营策略，目前已构筑起动力总成（发动机、变速箱、车桥）、整车整机、液压控制、智能物流等产业板块协同发展的格局，主要产品包括全系列发动机、重型汽车、轻微型车、工程机械、液压产品、汽车电子及零部件等。从燃料电池到重卡、客车、物流车、商务车等，公司已完成燃料电池核心部件、动力系统及整车全产业链平台部署。2018 年，公司成为加拿大燃料电池供应商巴拉德动力系统的第一大股东。目前已建成万套级燃料电池发动机生产基地，形成了覆盖燃料电池关键共性技术突破、应用与验证全链条技术创新支撑与自主产业化能力；最新研发的燃料电池堆功率密度达到 4.0 千瓦/升，寿命超过 30000 小时，可实现－30℃无辅热低温启动。

重塑：以重型卡车应用为导向，开发燃料电池系统设计与集成工艺，同时着力提升核心零部件的自主化程度，已掌握电堆、DC/DC、空压机、控制器等零部件的核心技术。已具有规模化生产能力。垂直整合资源，与燃料电池汽车产业上下游企业合作，共建氢能产业生态和闭环商业应用。将自身定位为全球燃料电池技术应用的推行者,致力于把氢能和燃料电池带入人类生活。未来将积极探索新应用场景,发掘具备高增长潜力的细分市场(生活场景),并积极拓展海外市场。

雄韬股份(氢雄):氢雄是国内最早从事氢燃料电池产业研发、实施产业化的企业之一,现已形成膜电极、电堆、发动机系统等全方位的卡位布局。氢雄作为公司燃料电池全产业链一体化平台,分别完成了华中、华北、华东、华南闭环布局。公司已完成45~120千瓦燃料电池发动机及42~120千瓦燃料电池电堆的研发及试生产,并与各整车企业联合开发了多款涵盖公交车、物流车、重卡、环卫车等的燃料电池车型及底盘。目前,氢雄的主要产品有燃料电池发动机系统、氢能叉车电源、燃料电池一体化控制器、燃料电池电堆和膜电极MEA,全部集中在燃料电池系统这一条细分产业链上。

表13总结了各大整车车企通过公开渠道发布的在氢燃料电池汽车方面的发展战略和规划。

表13　各大车企氢燃料商用车代表产品及战略规划(2020年及以后)

公司	产品及战略规划	具体内容
上汽	捷氢科技	2020年,捷氢科技推出了新一代电池电堆产品PROME M3H。该产品电堆功率为130千瓦,功率密度达3.8千瓦/升。PROME M3H已逐步应用于乘用车、轻型客车、城市客车和轻中重型卡车等领域
	上汽跃进	2020年,上汽跃进燃料电池物流车、燃料电池专用车进入工信部目录
	上汽红岩	红岩杰虎H6搭载型号为TZ388XSLGB01的驱动电机,最大电机功率为250千瓦(340马力)
	"氢战略"	计划于2025年前推出至少10款燃料电池整车产品,建立千人研发运营团队 上汽集团总裁王晓秋表示,下个十年,上汽集团将以EUNIQ7为起点,推动上汽第三代燃料电池技术在重卡、轻卡、大巴等商用车产品上的批量化应用,并适时推出全新的燃料电池乘用车产品

公司	产品及战略规划	具体内容
东风	未来氢能发展计划	未来三年推出 120 千瓦及以上高性能大功率电堆，掌握燃料电池核心零部件生产技术 于 2025 年前投入 1000 亿元用于电动化与智能化产品与技术的研发
	产品	110 千瓦 6X4 氢燃料电池牵引车、天龙 KL 燃料电池牵引车
长城	氢柠技术	2021 年 3 月，长城汽车推出车规级"氢动力系统"全场景解决方案——氢柠技术。在车规级氢动力系统领域，公司布局了商用车氢燃料电池发动机、乘用车氢燃料电池发动机以及大功率燃料电池电堆等技术和产品
	"超越—神州200"大功率燃料电池	2021 年 12 月，公司旗下未势能源发布的"超越—神州200"大功率燃料电池，发动机额定功率达 200 千瓦，效率可达 60%，寿命超过了 15000 小时
	百辆氢能重卡示范项目	2021 年 6 月，未势能源发布"百辆氢能重卡示范项目"，规划于雄安新区落地运营
中国一汽	高比功率燃料电池发动机关键技术研究与平台开发	2022 年 3 月，中国一汽牵头开发的项目"高比功率燃料电池发动机关键技术研究与平台开发"通过了国家科技部专家评审。该项目重点突破了燃料电池发动机面向大功率/功率密度、寿命、低温启动以及成本等多项重大科学及技术问题
一汽解放	与博世动力签署战略合作协议	2021 年 7 月，一汽解放与博世动力签署战略合作协议，就氢能发展规划及布局、氢动力电动车解决方案等进行深度交流，在燃料电池发动机、氢发动机等方面深度合作
	南方新能源汽车基地项目	一汽解放"南方新能源汽车基地项目"已于 2020 年 10 月 20 日开工，该项目是一汽解放在氢能领域的重要布局。该项目位于佛山市高明区，总投资 24 亿元，分两期进行，一期投资 12 亿元，总生产规模为 5 千辆轻、中、重型全系列纯电动和燃料电池新能源商用车。项目计划于 2022 年一季度投产，预计到 2025 年，产值将达 100 亿元
	产品	燃料电池 J6P 半挂牵引汽车，搭载德纳（北京）电机有限公司生产的 TZ488XSDE251WH 电机，最大功率为 350 千瓦

公司	产品及战略规划	具体内容
中国重汽	氢能源产品布局	公司借助于山东重工集团在氢能源产业中的技术及资源优势,已在氢能源重卡方面具备充分的技术储备,氢能源产品的核心布局和整车集成开发已经全面完成,核心关键总成实现了模块化、自主化,针对部分细分场景进行了积累充分的市场验证
	产品	中国重汽前期已在工信部产品公告中推出了多款新能源重卡车型,包括充电式及换电式重卡、氢能源重卡。 2021 年 6 月,中国重汽汕德卡氢燃料电池卡车亮相,搭载潍柴燃料电池发动机,燃料电池发动机的额定功率为 160 千瓦
中通客车	产品	公司依托山东重工集团的优势资源,经过不断的技术迭代升级,已实现从氢燃料电池物流车到 9～12 米氢燃料电池客车车型的全面覆盖
南京金龙	产品	2020 年 10 月,南京金龙—开沃氢燃料电池重卡垃圾清运车亮相 2020 佛山氢能展。燃料电池额定功率为 88 千瓦,最高车速 85 千瓦/小时,储氢量 21.9 千克,燃料电池系统由上海重塑提供
苏州金龙	"商业应用"和"产品技术创新"双轮驱动模式	2019 年,苏州金龙与丰田汽车达成战略合作,在海格第五代氢燃料公交车上率先搭载丰田电堆。搭载该款电堆的氢燃料公交以江苏常运公交为率先示范运营单位,开启了常熟市第一批氢燃料电池公交车的商业化示范运营。 2021 年,苏州金龙联合亿华通、FCRD 开发 12 米氢燃料大巴车,该车续航里程在 500 千米以上,采用功率跟随与 SOC 区间控制的能量管理策略,兼顾燃料电池与锂电池性能,提高动力系统的耐久性。该批车目前已成功服务于 2022 年北京冬奥会
亚星客车	董秘回答投资者互动平台提问	公司具有氢燃料电池生产研发技术,目前有一个型号

公司	产品及战略规划	具体内容
申龙客车	产品	（2020年及以后无公开消息）2019年，河北省对外公开张家口市区100辆氢燃料公交车采购项目中标情况，申龙客车中标30台11.5～12米氢燃料公交车；由申龙客车联合神力科技研发的两款氢燃料电池公交车正式交付上海奉贤巴士公共交通有限公司、上海奉贤汽车客运有限公司，实现首次上海市氢燃料电池公交车"非项目性商业化"交付；申龙氢燃料客车现身北京世园会
申沃汽车	产品	2021年，申沃就为嘉定公交、金山公交、奉贤公交各提供5台车辆营运，这也是上海目前为止，交付规模最大的一批氢燃料电池公交车
上海通用	产品	上汽通用五菱旗下新一代氢燃料动力电动车正式亮相。新车在搭载的氢燃料电池上实现了膜电极、双极板、电堆系统集成等技术的全部自主化，功率密度已经达到国际领先水平
厦门金龙	示范试点	2019年，金龙氢燃料客车上线服务6·18，开创福建氢能客车运营时代。 2020年，金龙客车30辆氢燃料公交交付湖北京山市示范运营，标志着湖北省绿色出行迎来新跨越
	厦门金龙携手易特智行进驻张家口	项目预计总投资19.4亿元，项目具备组装生产公交、公路、物流、环卫四大类共九款氢能源车型。项目一期计划年改装生产1000～1500台智能氢能源客货车及特种车；项目二期启动整车厂汽车制造四大工艺建设。 布局张家口，金龙客车正在氢能公交之外，开辟一个氢能货车和特种车的新市场
福田汽车	燃料电池系统	福田汽车正面向重卡及中长途客车市场应用需求，开发大功率、低成本、高功率密度、长寿命的燃料电池发动机系统

公司	产品及战略规划	具体内容
宇通客车	产品	公司的燃料电池客车技术专利主要包括燃料电池车辆、燃料电池混合动力系统能量管理、燃料电池系统和车载氢系统等方面,保障公司客车产品在经济性、续驶里程等方面持续领先,目前已开发 63/65/80 千瓦燃料电池系统,规划开发 110/120 千瓦燃料电池系统,通过配置差异化,满足不同使用场景下的客户需求

资料来源:公司官网,公司公告,公开资料整理。

在 2019 和 2020 年间共有 12 家车企申报了燃料电池汽车推广补助,累计共有 26 种车型上榜,其中企业申报总推广数 1140 辆,核定推广数 1029 辆,被核减 111 辆;最后核定推广的 1029 辆氢车总下发补助资金 43824 万元。从车企申报数量来看,中通客车、郑州宇通、上海申龙分别以 618 辆、211 辆、211 辆列前三。从企业核定推广数量来看,中通客车、郑州宇通、厦门金旅分别以 618 辆、210 辆、71 辆位列前三(见图 10)。

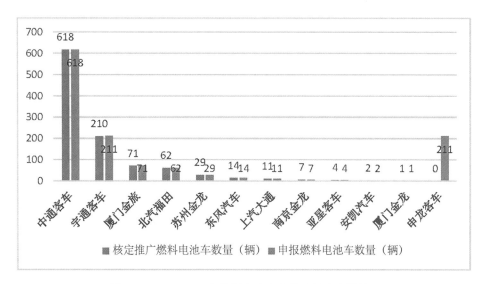

图 10 2019—2020 年燃料电池汽车推广补助审核结果

(数据来源:工信部《关于 2019—2020 年度新能源汽车推广应用补助资金清算审核终审和

1.4.6 氢燃料电池乘用车

锂电已经能满足乘用车基本的续航需求,并且乘用车对载重、额定功率的要求不如商用车那么高,因此在乘用车领域氢燃料电池车的优势并不明显。在中国,乘用车电气化已经有较好的锂电基础,氢燃料发展缺乏必要性。在乘用车领域燃料电池技术或以增程器形式与锂电技术长期共存。此外,卡口主要在氢燃料电池乘用车的成本为锂电乘用车的 1.5~2 倍。由于基础设施建设尚不完善,加氢站不足,目前国内市场在售车型尚无氢燃料电池乘用车。但是,还是有些汽车企业在氢燃料电池乘用车方面做出布局,如表 14 所总结。

表 14 各大车企氢燃料乘用车产品及战略规划

公司	产品及战略规划	具体内容
上汽	上汽大通 MAXUSEUNIQ 7	搭载 130 千瓦电堆及 70Mpa 高压储氢瓶,3 分钟加氢可续航 605 千米,每 100 千米氢耗为 1.18 千克
	"氢战略"	计划于 2025 年前推出至少 10 款燃料电池整车产品,建立千人研发运营团队
丰田	二代 Mirai	850 千米续航,携带 3 个储氢罐,电堆输出功率密度为 5.4 千瓦/升
现代	全球首款氢燃料电池 SUV NEXO	5 分钟加氢可续航 800 千米以上
广汽	Aion LX Fuel Cell	2020 年品牌科技日上首次展出旗下首款轻燃料电池汽车 Aion LX Fuel Cell,该款车型动力总成最大功率超 150 千瓦,续航里程达到 650 千米
长城	国际氢能委员会成员	长城汽车作为中国汽车品牌中唯一的国际氢能委员会成员,建立起氢燃料研发中心,打造出氢动力 XEV 项目平台,并计划 2022 年推出第一款全新氢燃料汽车

资料来源:公司官网,公司公告,公开资料整理。

1.4.7 其他技术路线竞争

1.4.7.1 "纯电＋换电"vs."燃料电池"之争

由于推广较早,纯电动重卡自 2016 年起就逐步开始贡献销量,是氢燃料电池重卡市场地位的有力竞争者,但受困于成本高、自重大、续航短等缺陷,纯电动重卡的销量近年来增长有所放缓。

在长续航、高载重卡领域,纯电方案依旧较难突破里程瓶颈,这反而凸显了氢燃料电池解决方案的优势。除去电动化的特性外,纯电动重卡的主要优势在于油电差价明显,这对于生命周期油耗成本达车价 3～5 倍的重卡而言非常重要。但由于锂电池的特性,纯电动重卡路线也面临着大量问题,主要包括:

(1)基于锂电的商用车随着续航里程增加,加装锂电的边际效用迅速降低,导致电池重量极高;当前纯电动重卡主要安装锂电池作为动力源,但三元锂电池价格较高,目前市场上主要应用了能量密度较低的磷酸铁锂电池(通常在140～160 瓦时/千克),这也导致了电动重卡需要携带的电池重量极高。根据工信部《新能源汽车推广应用推荐车型目录》公示的信息,目前多数纯电动重卡的电池重量在 1.7 吨以上,部分甚至可达 2.6 吨。

(2)续航里程普遍较低,不满足商用车基本需求:氢燃料重卡的续航里程可达 500～600 千米,而纯电动重卡的里程数则偏低,总体在 160～355 千米区间。根据野村东方国际证券测算,发现纯电重卡电池重量及续航里程存在相关关系,续航里程在 300 千米以上的部分车型,尤其在自卸等重型运载车辆领域,续航里程的延长大都伴随着电池重量的非线性增长。

(3)商用车电气化需要考虑生产资料属性,锂电带来的充电时长降低了商用车的实际利用效率:由于电池重量大、大功率充电设施稀缺等问题,纯电动重卡的充电时间常常在一个小时以上,如果无法及时找到充电桩可能耗时更久,这会导致其运营时间受到挤占,一定程度上抵消了油电差价带来的经济性,而燃料电池重卡则可以实现快速加氢,运行效率优异。

燃料电池在重卡领域较"纯电车＋换电"模式更具备实用化优势,较轻卡、客车领域发展潜力更大。①在碳中和政策的推动下,纯电解决方案对于更重视持久续航及运行效率的重卡及冷链物流等领域而言,持续提升动力/续航里程将带来庞大的重量负担——这将使得氢燃料电池解决方案所带来的经济效益远大于纯电;②氢燃料电池解决方案的运行温度区间也较纯电方案具有巨大优势,系统工作温度下限可低至约-30℃,且低温下续航里程无衰减。相较三元锂电池(低温使用下限值为-30℃),重卡主流磷酸铁锂电池(低温使用下限值为-20℃)的耐低温性能更差,续航能力通常在0℃以下开始衰减(60%~70%),-10℃以下容量或快速减半(40%~55%)。同时,低温条件下磷酸铁锂电池堆剩余电量的监控也更为困难。因此,解决北方冬季纯电续航问题迫在眉睫。考虑到我国有一半以上地区属于寒冷地区及严寒地区,氢燃料或在推广上具备优势;③与此同时,由于运行路线相对固定、单次行程较长、使用频次更高等特点,重卡应用无须大规模铺设加氢站,这对于迅速普及较为有利。

关于电动汽车和氢燃料电池汽车未来的发展,请参考本课题组的分报告三《电动汽车和氢燃料电池汽车:谁会使向中国的未来?》。

1.4.7.2 "氨燃料"vs."氢燃料"

船舶工业开始青睐氨燃料发动机,多家券商分析师看好氨燃料并期望氨在货船脱碳中发挥关键作用。船运公司寻求气候友好的替代燃料,这些燃料可以将其庞然大物的船舶在海上推进数日或数周,同时在船上留有货物的空间,氨气恰好满足了航运业的这些需求。氨气可以使用可再生电力、水和空气来制造,可用于燃料电池和内燃机。与氢气不同,氨气不必存储在高压罐或低温杜瓦瓶中。

值得注意的是,氨燃料的推广也有着重重阻碍。迄今为止,极少船舶使用液氨作为动力源且改造运输船队成本非常昂贵,同时使用碳中和方法生产的可再生氨或"绿色"氨几乎不存在。下面对氨燃料和氢燃料进行四个方面的对比:

能量密度方面,氢能胜于氨能。氢气的热值是143000千焦/千克,氨气的热值是18602.94千焦/千克,同样重量的氢气热值是氨气的7.69倍。以丰田的氢燃料汽车MIRAI为例,续航里程850千米消耗氢气5.5千克,而换作氨气想要达到同样的里程需要42千克的氨气。氨的能量密度甚至不及传统燃料,正在为供应船Viking Energy改装2兆瓦的氨燃料电池系统,将其存储在船上需要更多的空间。同时由于燃烧速度和热值都比较低,氨的燃烧速度远远低于氢。

经济性方面,氢燃料仍然占优。目前制氢的成本是10000元/吨,而制氨的成本是4500元/吨,但是考虑到热值后1吨氢气相当于7.69吨的氨气,综合来说氨气的价格是氢气的3.845倍。以丰田的氢燃料汽车MIRAI为例,使用氢燃料每千米的成本在0.064元,如果换氨气需要的成本就是0.25元。

环保性方面,氨气无法与氢气相提并论,无法保证环保性也就失去了环保使命。氢燃料的排放物仅仅只有水,既没有二氧化碳也没有其他有害污染气体。而氨气的排放虽然没有二氧化碳,但是有一氧化二氮(N_2O),这是一种比二氧化碳污染更大的气体。在全球气候变化研究领域,N_2O 通常被称为氧化亚氮,这是一种具有温室效应的气体,会加剧全球变暖。N_2O 在大气中的停留时间很长,可以被输送到平流层,从而破坏臭氧层,造成臭氧空洞,使人类和其他生物体暴露于太阳的紫外线下,从而损害人体皮肤、眼睛和免疫系统。

安全性方面,氢气无论是在爆炸特性还是在自身毒性上,都优于氨气。氢气爆炸极限是体积密度达到 4.0%～75%,空气中的扩散速度达 20 米/秒;氨气爆炸极限范围是体积密度达到 16%～25%,空气中的扩散速度是 1.83 米/秒。氢气的扩散速度是氨气的 11 倍左右,远远超过了氨气在爆炸极限上的优势,所以氢气的安全性能更好。两者自身的安全性上,氢气无色无味无毒害,而氨气具有刺激性气味且有毒。所以在综合安全上更是远远不如氢气。

1.4.8 核心观点提炼

氢燃料电池商用车未来市场空间广阔,氢能是商用车脱碳的必选方案。商用车天然对载重、长途运输、低温启动有着较高的要求,而锂电路线难以解决这三个难题。即便固态锂电池技术成熟,载重与充电时长仍会掣肘锂电在商用车领域的应用,因此氢能是商用车脱碳的必选方案。乘用车领域氢燃料电池车的优势并不明显。锂电已经能满足乘用车基本的续航需求,并且乘用车对载重、额定功率的要求相对商用车较低。

从氢燃料和氨燃料的比较上看,氢燃料推广的确定性远远大于氨燃料。但是氨和氢未必是完全的竞争关系,澳大利亚工程院程一兵院士指出了"氢—氨融合颠覆性产业化技术"的发展趋势:氨合成后,一部分用于化肥,另一部分可作为氢能的载体输运。

1.5 社区供电供热领域——氢燃料电池热电联供系统

在日本的发展规划中,氢能发电是一个重点领域。2019 年出台的《氢能与燃料电池战略规划路线图》和《氢能与燃料电池技术开发战略》,明确提出了氢能在发电领域的发展目标:从 2020 年后,发展氢能发电示范,并建立匹配的环境价值评估系统。到 2030 年把发电成本下降到 17 日元/千瓦时(或 1 元/千万时),到 2050 年把发电成本进一步降低到 12 日元/千瓦时(0.7 元/千瓦时),取代天然气发电。

　　燃料电池热电联供,是利用燃料电池发电技术同时向用户供给电能和热能的生产方式。用燃料电池运行过程中产生的余热供热,可提高能源的利用效率,而且减少二氧化碳和其他有害气体的排放。技术路线有内燃机、微型燃气轮机、燃料电池等。表 15 分析了各种热电联供系统的优劣势。可以看到,氢燃料电池的电效率明显优于其他选项,大气污染排放明显低于其他方式。从联合供热发电效率上看(combined heat and power 或者 CHP),也有望有更好的表现。根据日本松下的测算,燃料电池的能源利用效率会远远超过传统的火力发电。图 11 展示了这个区别和形成这个区别的主要机制。目前氢燃料电池项目最大的劣势还是在于成本偏高。因此,成本能否在生产和安装规模化之后大幅度地降低,是"氢能进社区"的关键。

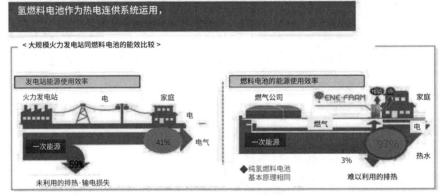

图 11　能源利用效率:传统火力发电 vs.氢燃料电池热电联供

(资料来源:松下氢能事业发展部)

表 15　热电联供系统的比较

	往复式发动机	汽轮机	燃气轮机	微燃机	燃料电池
功率/兆瓦	0.005~10	0.5~数百	0.5~300	0.03~1	0.2~2.8
电效率	27%~41%	5%~40%	27%~39%	22%~28%	30%~63%

	往复式发动机	汽轮机	燃气轮机	微燃机	燃料电池
CHP 综合效率	80%	80%	80%	70%	55%～90%
热电比	0.83～2	10～14	0.9～1.7	1.4～2	0.5～1
CHP 安装成本/ （美元/千瓦时）	1500～2900	670～1100	1200～3300	2500～4500	5000～6500
大修间隔时间	30000～ 6000 小时	＞50000 小时	25000～ 50000 小时	40000～ 80000 小时	32000～ 64000 小时
启动时间	10 秒	1 小时～1 天	10 分钟～ 1 小时	60 秒	3 小时～2 天
NOx （千克/兆瓦时）	0.027	0.18～0.36	0.24～0.59	0.06～0.22	0.005～0.007

资料来源：香橙会研究院《算算经济账：日本火了 10 多年的燃料电池热电联供是否适合中国》，2021。

作为氢能源产业发展的一个重要组成部分，氢燃料电池热电联供系统的发展也为各国所重视。表 16 梳理了各国的支持政策。从总体上看，日本政府态度最为积极。2019 年 9 月，日本政府出台《氢能与燃料电池技术开发战略》明确提出，到 2030 年底，氢燃料电池热电联供系统的发展目标是 530 万套，同时在成本上是实现五年投资回收期，发展的重点是现有的别墅和公寓改造。日本着力发展氢燃料电池热电联供，除了能源的系统利用效率高之外，另外一个重要原因是，日本是个地震、海啸、台风等自然灾害多发的地区，能源供应中断情况经常发生，家用氢燃料电池热电联产组件等设备在充满氢气或其他燃料的情况下，可维持一个家庭 1～2 天的正常能源供应。氢因为其储能的优势，未来会成为日本民间应对自然灾害的主要能源获取手段。这也是日本积极推动氢能走向民间的重要原因。

表 16　各国政策的支持

国家	政策概况
日本	通过特殊税费、低息贷款、投资补贴、新技术发展补贴等方式，保证分布式能源项目的投资回报，大力推广分布式能源项目，提高能源利用效率

国家	政策概况
英国	免除气候变化税和商务税，规定以热电联产为代表的分布式能源项目，允许直接销售一定量的电力，可申请补贴金
丹麦	能源税退税和低息贷款政策
德国	热电企业享有并网权，热电联产的优惠政策
美国	分布式能源政策主要体现在减免部分投资税、缩短资产折旧年限、简化经营许可程序、项目并网等方面，以调动项目投资的积极性
中国	我国"十四五"国家重点研发计划"氢能技术"中有重大专项就与燃料电池热电联供有关，分别是"住宅用质子交换膜燃料电池综合供能系统集成关键技术（共性关键技术类）"和"'氢进万家'综合示范工程（应用示范类）"，专项中指出，要将燃料电池热电联供装机用户提升至 1 万户以上，并将万套级成本降至 5000 元/千瓦以下

资料来源：黄宇《分布式能源国外发展概况，我国分布式能源发展现状和政策》，2020；香橙会研究院《算算经济账：日本火了 10 多年的燃料电池热电联供是否适合中国》，2021。

案例 6：日本松下 ENE-FARM 项目

ENE-FARM 是能源农场的意思，基本工作原理如下：以天然气或液化石油气为燃料，经过脱硫、重整等环节产生氢气（未来氢能网络建成后可取消制氢环节），供燃料电池单元发电，向家庭负荷供电，同步回收发电余热，用于家庭供热。ENG-FARM 固定发电额定功率均为 700 瓦，可以用于如下用电场景：

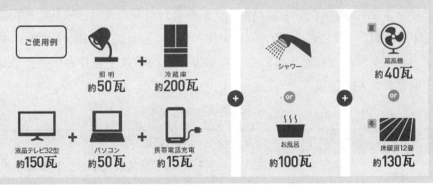

ENG-FARM 的优势在于一次能源效率同传统电力系统相比有很大优势。火力电厂在发电过程中的一次能源热能损耗可达 55%～66%,还会产生相当于一次能源 5% 的输电损耗,因此传统电力系统的一次能源效率仅为 35%～40%。ENE-FARM 的电力生产消费均在家庭住宅等同场所进行,在实现热电联产的基础上,又不产生长距离电网、热管网运输造成的能源损失,因此 ENE-FARM 的一次能源效率达到了 70%～90%。以家庭为单位来看,安装 ENE-FARM 的一户日本普通家庭,每年可减少 23% 的石油、天然气等一次能源消费量,相当于减少 38%(1330 千克)的二氧化碳排放。

使用 ENE-FARM 目前还是一个回收成本周期较长的节能方式。它的价格并不便宜,这有可能成为限制 ENE-FARM 更大范围普及的一个限制因素。目前,松下和爱信的 ENE-FARM 基础价格分别为 80 万日元(约合人民币 45000 元)和 123 万日元(约合人民币 70000 元)一台。如果在寒冷地带安装、拆除设备,或安装附加设备还要另加费用。目前日本政府正在对爱信 ENE-FARM 基础价格与目标价格价差的 1/3(8 万日元/台)进行额定补助。除了上述国家补贴之外,日本的地方政府也为家庭购买 ENE-FARM 安排了一定补助金。

(资料来源:松下氢能事业发展部)

虽然在中国的氢能产业发展规划中,氢能社区还没有成为一个重要的方面。但根据课题组掌握的资料,目前有两个地方明确提出了"氢进万家"或者"氢能社区"的规划。

1.5.1 山东:氢进万家项目

《山东省氢能产业中长期发展规划 2020—2030 年》中明确指出:"试点推进氢能社区建设,积极推进氢能应用从工业化走向生活化,适时开展氢能社区、氢能小镇创建工作,探索在机关、学校、医院等公共建筑布局燃料电池分布式发电/供热设施",并推出了氢进万家项目五年规划:①一条氢能高速:围绕济青高速升级改建 2 个氢能零碳服务区,打造一条氢能高速;②两个氢能港口:围绕潍坊港口、青岛港口,打造两个氢能港口,实现"港口—高速—干线物流"的氢能商用车应用示范;③三个科普基地:在济南、青岛和潍坊,分别建立氢能示范基地、科普基地;④四个氢能园区:在潍坊、济南、青岛和淄博建设四个氢能产业园;⑤五个氢能社区:实现燃料电池热电联供装机超过 1 万户,应用覆盖超过 10 万户的示范规模。

氢进万家实施地区如下:

山东潍坊市拟在高新区、滨海区两个区域开展,主要内容包括氢能绿色制备、纯氢管网建设、氢能交通应用、楼宇用热电联供系统、综合能源利用、氢能高速建设、氢能港口建设等,逐步将氢能应用于居民生活,加快推动氢能综合利用。

青岛市拟在李沧区和西海岸新区开展,主要内容也包括氢气绿色制备及纯化、纯氢管网建设、氢能交通应用、楼宇园区用热电联供系统、综合能源利用、氢能高速和港口建设等,逐步将氢能应用于居民生活,加快推动氢能综合利用。以青岛国际院士港智能制造园区光伏发电制氢为主要氢供给来源,通过纯氢管网进园区、社区,在居民社区及产业园区开展社区或楼宇集中供能用大功率燃料电池调峰型热电联供系统示范应用。

山东省是能源生产和消费大省,但能源消费中煤炭比重偏高、电力消费中煤电比重偏高的"两高"问题比较突出。推广氢能应用有助于缓解当前山东能源结构面临的能源紧缺和环境保护问题。山东省是人口及能源大省,基础设施齐备,氢资源丰富。充分发挥山东省的基础设施和氢资源优势开展"氢进万家"示范工程,加快引导氢能进入居民能源消费终端,有助于激活存量资源,优化能源配置结构,为打造"氢能社会"奠定基础。同时,发展氢能产业有助于催生新的经济增长点,能够有力支撑经济循环主体,进而推动山东省产业转型升级。在山东省率先开展"氢进万家"科技示范工程,不仅会为山东产业结构、能源结构转变带来新的机遇,也对全国其他省份具有典型示范作用。

1.5.2　佛山:首座氢能进万家智慧能源示范社区项目

2021 年 11 月 22 日,全国首座氢能进万家智慧能源示范社区项目在广东省佛山市南海区丹灶镇丹青苑正式投运。项目集中日韩最先进的技术装备于一体,以建设未来国家"氢能社会"的解决方案为蓝图,探索总结出一套科学的氢能住宅和建筑国家标准及规范,为国家"减碳"社区和"碳中和"社区建设提供标准化实施路径。

该项目计划总投资 80 亿元,获得多个全国首创:全国首个燃料电池热电联供设备进入家庭、全国首个燃料电池热电联供设备进入商业化运营;全国首个风、光、气、电、储能、供能、用能一体化智慧能源互联互通社区工程;全国首个氢能进万家智慧能源社区国家标准研发中心等。

具体来说,该项目一期以丹青苑为载体实施示范社区建设,面积约 10 万平方米,社区 5、6、7 号楼的家庭每一套住宅将配备单独的家用燃料电池热电联供系统,依托现有城镇燃气管网,经过氢燃料电池发电,为住宅提供不间断的电力、暖气和生活热水。能源利用率达到 92%,能源费用降低 45%,碳排放降低 50%。同时,示范社区引入智慧能源管理控制系统,实现风光电气多能互补。二期碳中和社区将工业园区太阳能光伏引入电解水制氢装备,接入局域氢气管网工程,为社区和加氢站供应氢气,燃料电池热电联供装备解决社区冷热电三联供,实现真正意义上的碳中和社区,家庭端不用再缴纳燃气费和电费。

目前佛山政府与松下接洽,表现出积极合作意向。在佛山进行试点项目,能够有更成熟的政府指导和产业配套,同时通过已落地的试点项目可以为未来的进一步尝试提供宝贵的经验,且民众对于氢燃料电池技术的接受程度通过之前的项目已经到达一定水平。

我们针对松下进军佛山的项目进行了经济可行性分析:选取氢气价格、设备价格、碳交易价格、电价、天然气价格作为主要影响因子对项目可变现净值进行分析。

数据模型选取如下:应用场景基点选取 100 千瓦的规模。考虑原方案主要采用电网公司供电,燃气公司供暖,现改为采用氢燃料电池。备用电源原采用柴油发电机组,现改为采用电网公司供电。假设年运营天数 330 天,备电投放天数 48 天。基准设备价格为 1500 万元,设备的寿命为 10 年(直线折旧法,计提 10 年),残值忽略不计,氢气终极价格取 13 元/千克,常规价格为 40 元/千克。市电价格取佛山商用电价 1.096 元,碳交易价格为 53 元/吨。基建成本暂且忽略不计。将两个模型进行对比,体现出氢燃料电池的经济性。

我们针对各因子进行敏感性分析,结果如下。

1)氢气价格因子

按照佛山最新的补贴价格,即氢气价格 40 元/千克计,在不考虑设备价格的情况下,年净现金流为-214317元。如图12所示,随着氢气价格下降,年现金流有明显的增长,到氢气价格下降29.2%左右,项目相较于原方案有明显优势。

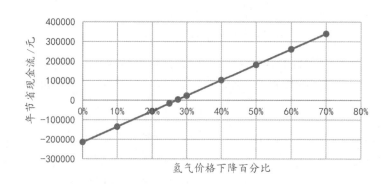

图12 年收益随氢气价格下降百分比变化的趋势

2)设备价格

假设设备费1500万元(十年寿命),设备回收期需要42.15年。如图13所示,在其他条件都不变的情况下,设备价格需要下降78.65%,到320.25万(即0.7千瓦设备的售价为22417.5元),项目才可能在设备寿命里面盈利。

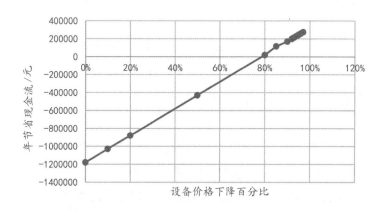

图13 年收益随设备价格下降百分比变化的趋势

由此可见,设备价格对项目经济性有很大影响,项目方要想在远期获利,与松下达成长期合作,将价格下降到目前售价的 20% 以下比较合理。

3)电价

众所周知,日本与中国的电价相差近一倍,电价作为消费者选择放弃主网作为主能源的主要因素,在其中有举足轻重的地位。由计算得知,电价对氢燃料电池经济性有很大的影响。我们假设电价至多上升 200%(即国内电价等于日本电价的三倍左右)。

假设设备价格取 1500 万,不考虑其他因素,如电价上升 200%,氢气价格则为 13 元,设备回收期达到 15.44 年,项目现金流翻三番,如图 14、图 15 所示。对比设备价格对回收期的影响,设备回收期及项目现金流对电价的变化相对不敏感,所以设备价格是比电价更为重要的因素。

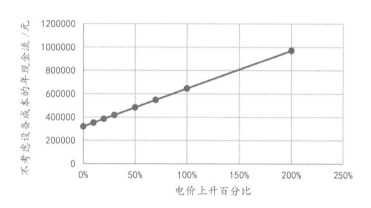

图 14 年收益随电价上升百分比变化的趋势

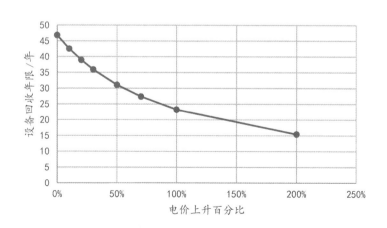

图 15 设备投资回收年限随电价上升百分比变化的趋势

4) 天然气价格

天然气价格也是国家调控的价格之一，因此其价格变动应有上界，我们令天然气价格至多上升 400%。通过计算发现天然气价格对氢燃料电池收益及设备回收年限的影响效果比较差。且此变量受国家调控影响，所以不作为主要考虑因素。

如图 16 所示，天然气价格从现在的 200% 增加到 400%，项目现金流仅增加 0.77 倍。

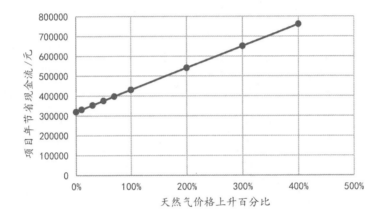

图 16 年收益随天然气价格上升百分比变化的趋势

如图 17 所示，天然气价格增加 100% 对应的设备回收年限为 34.8 年，增加 400% 时设备回收仍需要 19.7 年。

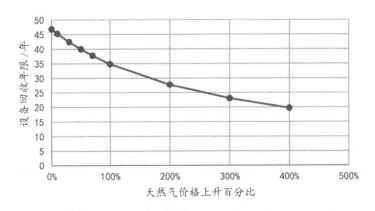

图 17 设备投资回收年限随天然气价格上升百分比变化的趋势

5）碳交易价格

碳交易价格是国家实现碳中和目标的重要举措之一，但是我们发现碳交易价格对氢燃料电池收益的影响效果比较差。如图 18 所示，当碳交易价格增幅在 20% 以内时，项目现金流增加并不显著。碳交易价格需要增加 100 倍（即 5300 元），才能将投资回收期缩短至 8.2 年，达到盈亏平衡点（见图 19）。所以未来碳交易价格的上涨，会有助于氢能的发展，但并不是决定性的。

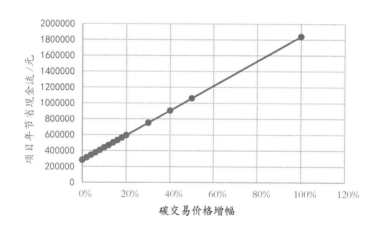

图 18　年收益随碳交易价格增幅变化的趋势

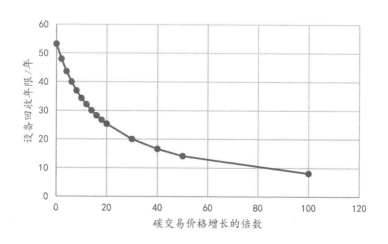

图 19　设备投资回收年限随碳交易价格上升百分比变化的趋势

根据上述分析，我们得出如下结论：

（1）氢气价格、设备价格以及电价为强影响因子，碳交易价格和天然气价格为弱影响因子。

（2）单一因素并不能改变项目在经济上的不可行，需要设备价格、氢气价格和电价同时朝有利方向变动才可能促成规模化使用。

（3）总体经济上偏离盈亏平衡点较远，需要各因素朝有利方向进行很大力度的变动，才可能实现经济上可行。

案例7：松下电器与中集安瑞科签署谅解备忘录共同研发氢能热电联供系统

2021年11月5日，第四届中国国际进口博览会在上海如约举行。松下集团连续四届参展，今年首次展出了以"环境"为主题的产品和解决方案。在进博会首日，松下电器中国东北亚公司（简称"松下电器"）宣布，与中集安瑞科控股有限公司（简称"中集安瑞科"）及其附属公司（统称"中集集团"）签订谅解备忘录，围绕松下氢能热电联供模块及技术，携手研发氢电综合应用（热电联供）端集成化产品（简称"氢能热电联供系统"），为氢电综合应用产品在中国的规模化推广进行技术投入及储备，提高氢能源利用效率，持续助力国家"双碳"战略目标的实施。

热电联供系统指在氢气发电过程中将供热和发电联合在一起,将发电过程中原本浪费的热能加以利用,为工业建筑或居民提供廉价的取暖用热,从而提升能源利用效率。与传统的集中式生产、运输、终端消费的用能模式相比,该系统可直接向终端用户提供不同的能源种类,能够最大限度地减少运输消耗,具有效率高、噪声小、体积小、零排放的优势。

在日本,家用热电联产项目 ENE-FARM 已经取得了非常亮眼的成果,而松下生产的热电联供系统凭借较高的发电效率、较长的使用寿命以及较低的成本优势,在全日本已安装 ENE-FARM 装置中占到 50% 以上的市场份额。中集安瑞科是国内清洁能源装备龙头供货商及氢能全产业链布局的先行者,业务涵盖了氢能制、储、运、加、应用等各个环节,具有先进的集成及智能制造能力和庞大的清洁能源客户基础。

在谅解备忘录的框架下,松下电器将提供建筑用氢燃料电池模块,中集安瑞科将提供相关氢能装备及系统集成技术,双方将结合各自的技术优势联合研发模块化氢能热电联供系统,共同生产加工,并推动其在中国市场的应用。

中国科技部 9 月发布的《国家重点研发计划"氢能技术"重点专项 2021 年度定向项目申报指南》指出,要结合副产氢、绿氢在工业园区内加注、供热、热电联供需求,打造"氢能园区"试点工程。

2021 年 9 月,在中集安瑞科与宝武清洁能源有限公司正式签订的宝武运管楼氢能热电联供示范系统集成及楼宇应用方案设计项目上,一期工程已搭载松下氢能发电设备并成撬实施"1.4 千瓦氢能楼宇热电联供试验装置"。

松下集团代表董事全球副总裁本间哲朗表示:"随着中国对氢能的关注及双碳目标的逐步推进,对氢能在热电联供领域的探索,已经开始向示范应用阶段迈进。现阶段,中国部分省市已提出发展热电联供的计划。中集安瑞科是国内领先的氢能全产业链设备供应商,拥有庞大的客户基础和本土化优势。通过本次合作,松下电器将携手中集安瑞科共同开拓庞大的氢电综合应用产品市场,以迎接中国氢能行业迅速发展所带来的机遇。"

中集安瑞科执行董事兼总经理杨晓虎先生表示,与目前主流的煤电气电采暖方式相比,氢能热电联供系统在经济性、能源效率和清洁性方面具有巨大的优势,是合理高效利用能源的有效途径。未来我们将运用清洁能源制、储、运、用核心装备制造能力,结合松下的氢电产品技术优势,共同推动氢能冷热电综合应用在中国市场不同应用场景下的创新发展。

(资料来源:https://baijiahao.baidu.com/s?id=1715928987179423239&wfr=spider&for=pc)

1.6 生产领域:高耗能领域的清洁转型

氢能作为一种清洁高效的能源,有潜力在高耗能企业向低碳方向进行技术改造的过程中发挥多方面的作用。2020年欧盟制定的《欧盟氢能战略》,明确提出在第三阶段,也就是2030—2050年,重点推动氢能在能源密集产业的大规模应用,典型代表是钢铁和物流行业。2020年德国的《国家氢能发展战略》,也提出在2020年至2023年期间,提供超过10亿欧元的资金用于技术和大型工业设施的投资,这些设施使用氢来对其制造过程进行脱碳。当前氢能在生产领域的应用,主要是在两个碳排放最为严重的领域:发电和钢铁。

1.6.1 冶金行业

根据大概的估算,我国金属冶炼行业碳排放的规模超过15亿吨,约占中国碳排放总量的15%。在不远的未来,金属冶炼行业会被纳入碳排放交易体系中去,企业控制生产过程碳排放的压力越来越大。中国宝武在国内钢铁行业率先发布了实现碳达峰、碳中和目标的时间表:2021年发布低碳冶金路线图、2023年力争实现碳达峰、2025年具备减碳30%的工艺技术能力、2035年力争减碳30%、2050年力争实现碳中和。2022年宝武集团更是牵头成立了总额达到500亿元的碳中和基金。

为继续深化钢铁行业供给侧结构性改革,切实推动钢铁工业由大到强转变,工业和信息化部于2020年研究编制了《关于推动钢铁工业高质量发展的指导意见(征求意见稿)》。该文件指出,在创新发展方面,将氢冶金等前沿技术取得突破进展列为重点;同时,也指出要加强对氢能冶炼等低碳冶炼技术的研发应用力度。

氢冶炼是冶金行业实现碳中和的重要手段,发展"以氢代碳"的还原工艺是氢冶金的主要发展路径。徐国迪院士指出,真正实现低碳钢铁冶金技术,就必须改变以碳为主要载体的铁冶金过程,可供选择的替代还原剂只有氢。干勇院士指出,21世纪是氢时代,氢冶金就是氢代替碳还原生成水,不但没有排放,而且反应速度极快。

目前,全球氢冶金已进入试验阶段。据香橙会研究院统计,海外主要氢冶金试验项目已有9处(见表17),其中,奥钢联 H2FUTURE 是目前全球规模最大的氢冶金试验项目。该项目于2018年4月启动,计划投资1800万欧元,成员单位包括奥钢联、西门子、Verbund(欧洲最大的水电商)和奥地利电网公司(APG)等;西门子作为 PEM 水电解技术提供方,将为奥钢联林茨厂提供电解能力为6兆瓦的电解槽,氢气产量为1200标准立方米/小时,项目已于2020年1月开始试验。

1.6.2 化工行业

氢气和化学工业的联系是天然的。传统的氢化工主要指的是煤制氢、天然气制氢、工业尾气分离提氢、工业尾气变换制氢、甲醇蒸汽催化裂解制氢、轻烃裂解副产氢等化学工业技术。但是随着利用可再生能源电解水制氢技术的成熟和发展,氢气不是作为产出品,而是作为投入品,为化学工业的低碳发展提供新的可能性。

东方证券的研究报告[1]指出,目前炼厂面临从燃油型向化工型的转型。渣油和蜡油加氢裂化后可提升乙烯、丙烯和低碳芳烃的产率。因此炼厂转型后对氢气的需求将会提升。以美国为例,美国炼油厂的二次加工装置中加氢裂化和加氢精制占比分别达12.5%和89.2%,相比之下,国内的加氢装置仍有很大的提升空间,国内加氢裂化占比10.8%,加氢精制占比44.0%,低于世界平均水平的55.0%。

煤化工行业通过补氢的过程,可有效地减少碳排放。例如,煤制烯烃反应

---

[1] http://seatone.net.cn/uploads/tan/935.pdf.

过程中的碳排放主要来自煤制甲醇（MTO）中的合成气变换反应，以常见的航天炉为例，粗煤气中 $CO:H_2$ 的值为 2.6，为了满足生产甲醇的要求，需要通过变换反应将 $CO:H_2$ 的值调为 0.45，这一过程中就会产生大量 CO_2 排放。如果从外部补充氢气来降低 CO 与 H_2 的比值，理论上可将 MTO 的煤炭单耗从5吨降低至 2.1 吨，且碳元素将全部转化到甲醇中，不产生碳排放。以 50 万吨/年 MTO 项目为例，原料煤消耗量为 246 万吨/年，反应过程产生约 300 万吨/年的碳排放。当 MTO 单耗下降至 2.1 吨煤/吨烯烃时，50 万吨/年的 MTO 项目的耗煤量将下降至 104 万吨/年，而且碳排放为零。

国内部分企业在这方面做出了很好的探索。例如，宁夏宁东能源化工基地（简称"宁东基地"）是我国最大的现代煤化工产业示范区。宁东基地党工委常务副书记、管委会副主任陶少华在接受采访时提道，"如果使用绿氢替代灰氢耦合煤化工，按现有产能核算，宁东基地煤化工产业可实现年压减煤炭消费 1700 万吨、节约能源消耗 1200 万吨标准煤、相应减排二氧化碳 3000 万吨"。[①]

未来随着双碳工作的开展，把化工行业纳入碳排放交易体系是大势所趋。煤化工行业的碳减排迫在眉睫。化学工业补氢会创造出巨大的氢气需求。这反过来要求可再生能源制氢技术有更大的发展。

可再生能源制氢的技术成熟之后，配合碳捕捉技术，可能会更彻底地颠覆现有的煤化工行业。中国科学院院士、有机化学家丁奎岭在评论液态阳光产业发展时，提出通过太阳能发电，"高效地电解水制氢，氢气再跟二氧化碳结合变成甲醇，有了甲醇以后，就可以有现代石油化学工业里面的乙烯、丙烯、醋酸、醋干等，几乎我们现在衣食住行所用的材料、医药工业所用的原材料它都可以做到"。也就是说，可再生能源制氢，配合碳捕捉技术，可能会满足我们所有的在化工行业中的需求，把化工行业变为一个低碳或者零碳的行业。中国工程院院士黄震所主张的可再生燃料的技术路线，也是这样的一个思路：利用可再生能源制氢产生的氢气和碳捕捉技术得来的二氧化碳，通过化学过程生成碳氢燃料和醇醚燃料。

---

① http://energy.people.com.cn/n1/2020/1214/c71661-31965114.html.

案例9:全球首款吉利甲醇混合动力轿车上市 助推贵州绿色能源革命

2022年6月30日,全球首款甲醇混合动力轿车——吉利第4代帝豪醇电混动轿车登陆上市,与吉利完全正向研发的远程甲醇重卡也在贵阳同步交付。

贵州的生态文明建设,是中国生态文明建设成就的一个缩影。当前,贵州省正在坚决守好发展和生态两条底线,建设"绿富同兴"生态经济。加快甲醇汽车推广应用既是贯彻新发展理念、加快国家生态文明试验区建设的重要举措,也是贵州省推进能源供给侧结构性改革、培育壮大实体经济的重要抓手。

同时,甲醇汽车产业对促进产业转型升级,推进能源生产和消费革命,构建清洁低碳、安全高效的能源体系,推动经济高质量发展具有重要意义。吉利汽车相关负责人告诉记者:"作为最早一批甲醇汽车试点地区,贵州省已经打造了全球领先的'贵阳模式',建立了完善的甲醇汽车生产、销售、服务体系和甲醇燃料输配送供应保障体系,出台了包括出租车在内的一系列鼓励措施,逐步形成了保障甲醇汽车运行的制度体系和管理机制。"

据了解,截至目前,贵州省已通过市场化方式推广甲醇汽车17000辆,全省投入运营甲醇燃料加注站超过60座,年消耗甲醇约25万吨,替代汽油约15万吨。其中,省会城市贵阳的甲醇出租车的投运量居全球第一,甲醇汽车和甲醇燃料加注站数量居全国第一。贵阳已成为全球甲醇燃料和甲醇汽车市场化推广最成功、规模最大、覆盖区域最广的城市,并由此形成了以出租车为末端的甲醇经济产业链。

贵州省甲醇汽车等产业发展取得的成果离不开吉利汽车在相关方面的重要引领作用。在即将举办的第十一届贵州省运会中,吉利汽车就作为省运会首席合作伙伴将全面赋能省运会,以第4代帝豪醇电混动轿车为载体,为赛事提供绿色、低碳、智能、安全的用车服务保障。同时,由第4代帝豪醇电混动轿车组成的省运会文化巡游车队将途径贵阳、安顺、兴义、黔南、黔东南、铜仁、遵义、毕节、六盘水共九市州，广泛传播省运会文化、拼搏向上的竞技精神，也呼吁更多人加入低碳、健康的生活方式中来。

据吉利汽车方面介绍，本次上市并实现首批交付的第4代帝豪醇电混动轿车，能够实现40%的节能率，每百千米醇耗低至9.2升，每千米出行成本不到0.3元。此外，本次交付的远程甲醇重卡是吉利新能源商用车在贵州投放的首批甲醇重卡，搭载了吉利汽车自主开发的13升甲醇发动机，能够满足不同运输场景的需求，助力贵州绿色物流发展。

相关资料显示，吉利汽车早在2005年就开启了甲醇燃料和甲醇汽车的研发。17年间，吉利在该领域成功解决了甲醇发动机零部件耐醇、耐久性能等行业难题，掌握了200余项甲醇汽车核心专利技术，同时也具备了甲醇汽车整车研发、制造、销售的全链体系能力。截至目前，吉利共开发出20余款甲醇乘用车和商用车，总计投放市场2.7万辆甲醇汽车，单车最高运行里程达120万千米，总运行里程近100亿千米。在国际上，吉利甲醇乘用车在冰岛、丹麦等多国进行测试运行，充分展示了中国甲醇汽车引领全球的技术实力。

（来源：https://new.qq.com/omn/20220701/20220701A0DB0K00.html）

表17　海外氢冶金示范项目

项目名称	开始时间	投资金额	氢气来源	简介
COURSE50	2008年	160亿日元	焦炉煤气副产氢	2018年进入为期8年的第二阶段，计划2030年进入商业化。第一阶段为2008—2017年；2008—2012年进行关键技术研发；2013—2017年进行综合技术研发，并确立了CO_2综合减排30%的目标

项目名称	开始时间	投资金额	氢气来源	简介
瑞典 HYBRIT	2016 年	10 亿～20 亿瑞典克朗	可再生能源制氢	2018 年公布研究结果：氢能冶金工艺成本比传统高炉冶炼工艺高 20%～30%，但每吨钢铁 CO_2 排放量仅为 25 千克，几乎可以忽略不计
韩国 COOLSTAR 项目（即韩国浦项）	2017 年	898 亿韩元	钢铁厂副产煤气和 LNG 改质灰氢	目标实现 CO_2 减排 15%。其中浦项钢铁主导了"以高炉副生煤气制备氢气实现碳减排技术"课题，通过焦炉煤气等改质还原气体实现高炉富氢冶炼，浦项钢铁、浦项工科大学、延世大学等已开展氢气回收等工艺研究
奥钢联 H2FUTURE	2018 年	1800 万欧元	可再生能源制氢	目前全球最大的氢冶金示范项目于 2020 年 1 月开始试验。西门子作为 PEM 水电解技术提供方，将为奥钢联林茨厂提供电解能力为 6 兆瓦的电解槽，氢气产量为 1200 标准立方米/小时
安赛乐米塔尔氢冶金试验工厂	2019 年	6500 万欧元	工业副产氢、可再生能源制氢	预计中试线规模为 10 万吨/年。该研究项目的氢气来源将首先采用变压吸附法，从安米汉堡厂炉顶煤气中分离氢气，使其纯度达到 95%以上；未来采用绿氢生产
德国蒂森克虏伯 Carbon2Chem	2019 年	100 亿欧元	法液空提供	2019 年 10 月正式开始试验，计划 2022 年钢厂的另外三个高炉也将实现"以氢代煤"的技术应用。届时，该技术有望减少钢铁生产过程中约 20%的二氧化碳排放

项目名称	开始时间	投资金额	氢气来源	简介
德国萨尔茨吉特钢铁 SALCOS	2019 年	5000 万欧元	可再生能源制氢	已于 2020 年开始试验,共建设 7 台总发电能力为 30 兆瓦的风电设施,并配套 400 标准立方米/小时的 PEM 水电解制氢设施
德国蒂森克虏伯钢铁"以氢代媒"项目	2019 年	30 亿~40 亿欧元	电解水制氢	2019 年,第一批氢气被注入杜伊斯堡 9 号高炉,标志着"以氢(气)代媒(粉)"作为高炉还原剂的试验项目正式启动。项目计划到 2030 年减少 30%碳排放,到 2050 年实现钢铁生产过程的零碳排放
德国迪林根和萨尔钢氢冶金技术开发	2020 年	1400 万欧元	焦炉煤气副产氢	目前正在建设中,计划将联合钢铁企业产生的富氢焦炉煤气输入萨尔炼铁公司的两座高炉中

资料来源:香橙会、中国炼铁网、公开资料整理。

1.7 储能:氢能产业发展的底层逻辑

从宏观上看,人类历史一直在不断地寻找一种经济、使用方便且环保的储能方式。氢能的发展本质上是一种储能方式的变化。地球上所有的能源都来自太阳。煤炭、石油、天然气等化石能源不过是储能的一种方式。光伏和风力发电行业的发展,使人类从自然界中直接获取能源的能力有了质的飞跃。化石能源使用所带来的碳排放和全球变暖的问题,要求人类在未来需要更多地利用从自然界直接获取的能源。从自然界直接获取能源的一个根本缺陷就是自然界不受人类的控制,也就是说,人类并不能控制太阳的出没和风力的来去。这种自然能源的不稳定性和间歇性,与人类社会需要稳定能源来源之间的客观矛盾,要求新型的储能方式的出现。在最近几年,电化学储能的出现和爆发式增长,正是人类努力解决这一矛盾的产物。

氢储能本质上是与电化学储能并列的能源储存的另外一个路线。氢储能可看作是一种化学储能的延伸,其基本原理是将水电解得到氢气和氧气。以风电制氢储能技术为例,其核心思想是当风电充足但无法上网、需要弃风时,利用风电将水电解制成氢气和氧气,将氢气储存起来;当需要电能时,将储存的氢气通过不同方式(内燃机、燃料电池或其他方式)转换为电能使用。无论是氢燃料电池汽车,还是氢燃料电池热电联供,还是氢气混合天然气发电,都是把储存在氢气中的能源释放出来的过程。图20展示了氢能作为一种储能方式调节峰电和谷电波动的主要思路。

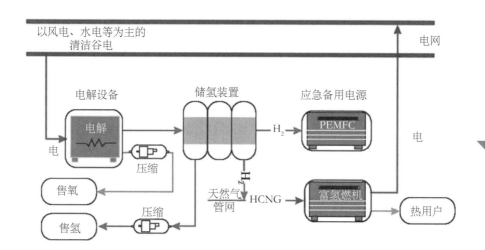

图 20   氢作为一种储能的方式

(资料来源:中国能源《万亿储能市场,氢能有着怎样的定位与发展》,2022)

通常所指的氢储能系统是电—氢—电的循环。其前端的电解水环节,多以功率计算容量,代表着氢储能系统的"充电"功率;后端的燃料电池环节,也以功率计算容量,代表着氢储能系统的"放电"功率;中间的储氢环节,多以氢气的体积(标准立方米,Nm³)计算容量,如换算成电能容量,1标准立方米氢气大约可产生1.25千瓦时电能,储氢环节的容量大小决定了氢储能系统可持续"充电"或"放电"的时长。

1.7.1   氢储能的发展现状

氢作为一种储能手段,也得到国家政策的关注。2022年3月23日,国家发改委发布的《氢能产业发展中长期规划(2021—2035 年)》指出:在风光水电资源丰富地区,开展可再生能源制氢示范,逐步扩大示范规模,探索季节性储能和电网调峰。坚持以市场应用为牵引,合理布局、把握节奏,有序推进氢能在交通领域的示范应用,拓展在储能、分布式发电、工业等领域的应用,推动规模化发展,加快探索形成有效的氢能产业发展的商业化路径。

尤其是在储能的发展方向,要发挥氢能调节周期长、储能容量大的优势,开展氢储能在可再生能源消纳、电网调峰等应用场景的示范,探索培育"风光发电＋氢储能"一体化应用新模式,逐步形成抽水蓄能、电化学储能、氢储能等多种储能技术相互融合的电力系统储能体系。探索氢能跨能源网络协同优化潜力,促进电能、热能、燃料等异质能源之间的互联互通。国家在发布的"十四五"规划中,将氢储能纳入战略性新兴产业。同时在政策上,探索可再生能源发电制氢支持性电价政策,完善可再生能源制氢市场化机制,健全覆盖氢储能的储能价格机制,探索氢储能直接参与电力市场交易。

与目前国内其他新型储能技术相比,氢储能的成熟度不高,大致的排序应该是电化学储能＞压缩空气、液流电池＞飞轮储能、钠离子电池＞氢储能[①]。氢储能的优劣势均很明显,其优势在于储能规模大(可达到太瓦级)、生命周期长、可跨季节储能等;而劣势主要在于两个方面。一方面,氢储能的效率还较低,成本比较高。电解水制氢的效率可达 65%～75%,而燃料电池发电效率为 50%～60%,单过程转换效率相对较高。但电—氢—电过程存在两次能量转换,整体能量转换效率偏低。另一方面,目前氢储能造价也较高。制氢设备的单位造价约 2000 元/千瓦,储氢和辅助系统造价为 2000 元/千瓦,燃料电池发电系统造价约 9000 元/千瓦,燃料电池的投资占到氢储能系统总投资的约 70%。[②]

另外,出于氢气的安全性顾虑,目前,氢气仍被定义为危化品。根据规定,规模化制氢项目必须在化工产业园区内开展,这限制了氢储能项目的选址,降

[①] "十三五"期间,储能的度电成本约为 0.4～0.6 元。随着电化学储能的规模化推广和应用,以及技术的不断进步,通过显著提高循环性、能量效率以及提高能量密度,发展低成本储能技术,降低初次采购成本,预计"十四五"期间,储能的度电成本有望降至 0.1～0.2 元,储能的预期服务寿命也将延长,储能电站的循环次数预期提高到 1.5 万次以上。

[②] 李娜,李志远,王楠,等.氢储能调峰站发展路径探索研究.中国能源,2021,43(1):55-59.

低了氢储能利用的便利性。特别是对于储能需求大的东南沿海经济发达地区，氢储能暂时不会成为其发展储能项目的优先选择。

案例 8：氢储能实际案例

截至 2021 年底，我国已有多座在建和示范运行的氢储能设施。

2021 年 12 月，安徽六安兆瓦级分布式氢能综合利用站电网调峰示范项目完成部分试运行。该项目采用 PEM 技术，设计年制氢 72.3 万立方米，氢发电 127.8 万千瓦时，是国内首个实现兆瓦级氢储能的项目。

2021 年 11 月，张家口 200 兆瓦/800 兆瓦时氢储能发电项目是目前全球规模最大的氢储能项目，其中一期二期分别建设总装机容量 100 兆瓦/400 兆瓦时。将安装 80 套 5000 千瓦的电解槽，项目建设期为 2 年，预计 2023 年投入运行。

其他已经开展的氢储能项目还有：台州市椒江区大陈岛"绿氢"综合能源示范工程、联合国计划开发署示范项目——南通安思卓光伏制氢微电网项目、山西首座氢储能综合能源互补项目、浙江平湖"氢光储充"一体化新型智慧能源站、张掖市光储氢热产业化示范项目、湖北省秭归县新型电力系统综合示范县配套项目、西安市西部氢都实验基地项目、广西上思县"风光储氢"1 吉瓦一体化基地等。

（资料来源：https://www.163.com/dy/article/H9U0CUJM0519BMQA.html）

1.7.2　氢储能在短期的发展方向

氢能源在短期的发展方向，受制于我们在第三部分讨论的氢能发展的困难。首先是成本高，这决定了氢储能应该主要布点在风力和光伏发电有冗余的地方。随着风力和光伏发电能力的逐步提高。中国很多地区都出现了新能源消纳的困难。在很多新能源电力渗透率高的地区，在电力现货市场上，某些时段的电力价格甚至为零或负数。在这些地区，使用弃风和弃光所发出的电力制氢，有助于拉低氢制备的成本，同时也是新能源发展的必然要求。

例如，截至 2019 年底，张家口市可再生能源发电总装机容量已达 1500 万千瓦，占区域内全部发电装机容量的 70%以上。预计到 2030 年，张家口将实现零碳排放，形成以可再生能源为主的能源供应体系。在这种可再生能源占比较高的电力系统中，风电、光伏的不稳定性会对电网安全稳定运行造成影响，因此将氢储能系统作为可再生能源供电的稳定器是可行的。

在风电、光伏出力受限时，利用富余的可再生能源进行制氢，并作为备用能源储存下来；在负荷高峰期发电并网，提高新能源的消纳能力，减少弃风、弃光，增强电网可调度能力并确保电网安全。未来随着规模化的氢储能系统的应用，甚至可利用氢储能容量大的特点，实现跨季调峰的目的。此外，利用可再生能源进行制氢是完全清洁无污染的，同时可为煤化工和石油化工提供洁净的原料氢，减少二氧化碳的排放，有利于我国实现碳中和目标。

其次，氢能源储运上的难度，决定了在现阶段储能的利用应当是服务于分布式能源的发展。氢储能系统具有可长期存储、能量密度高等优势，但是其气态、小分子的物理特性，使其在储存和运输上比较困难，成本也比较高。在当前的技术条件下，如果氢能的运输半径超过 200 千米，氢能将失去经济性。所以，氢能最好的利用方式是就地制氢、就地使用，也就是把氢储能整合进分布式的能源系统中。

分布式能源系统的发展，是未来的一个趋势。2021 年中美在联合国气候变化格拉斯哥大会上发表的《中美关于在 21 世纪 20 年代强化气候行动的格拉斯哥联合宣言》指出：中国和美国要强化合作，鼓励整合太阳能、储能和其他更接近电力使用端的清洁能源解决方案的分布式发电政策。所以，可将氢储能作为一种电能存储方案进行推广利用，进而解决区域电源和负荷的匹配问题，可一定程度上延缓较为偏远地区微电网的电力设备投资。

例如英国的柯克沃尔小镇氢能生态社区，因其位置相对偏远，小镇利用弃风和潮汐发电进行制氢，再通过燃料电池为汽车、船舶提供动力，并利用氢燃料电池为建筑、社区等供热，实现热电联供，从而实现了能源的分布式利用。

1.7.3　氢储能产业链目前的参与公司

氢储能产业链可大致分为制氢、储运以及应用（发电）三个环节。

各个环节的主要参与公司包括：制氢环节的中电丰业、南通安思卓等，储运环节的中材科技、富瑞特装、中集安瑞科、京城股份等，以及应用（发电）环节的代表性企业明天氢能、鲲华科技、高成绿能、众宇科技、东方氢能、骥翀氢能等。

其中,案例8"氢储能实际案例"中所提到的"安徽六安兆瓦级分布式氢能综合利用站"所使用的6组200千瓦燃料电池发电机组就来自明天氢能公司。鲲华科技发布的大功率、高效率、模块化的氢储能发电产品,可利用氢燃料电池根据不同场景(储能并网、分布式发电、热电联供、IDC备用电池等)需要,组合形成各种规格(500千瓦~2兆瓦)的发电应用。

高成绿能于2021年承担了全国首个商业化热电联供燃料电池电站——湖州地区氢电双向转换及储能一体化燃料电池电站、巨化集团和正泰新能源氢储能电站的建设。其中其为浙江正泰新能源设计研发的燃料电池氢储能电站项目,为一套集光伏发电、1标准立方米/小时的PEM电解水制氢设备、5标准立方米/小时的碱性电解水制氢设备、0.6立方米的缓储氢设备、10千瓦燃料电池发电系统和电力并网功能于一体的综合能源供电系统。众宇科技也已在氢储能方面展开布局,氢储能发电系统已收到来自能源端的订单,预计在2022年内交付。

同时,众多企业也对氢储能产业链机会表现出兴趣,计划开展相关业务。据鸿达兴业所发布的公告,其与有研工程技术研究院签署了氢储能应用项目合作协议;首航高科注资5000万设立新公司布局氢储能;昇辉科技公告称,将结合氢燃料电池开展相关氢储能业务;宝丰能源、中国能建也均计划布局氢储能。

1.8 氢能产业发展:不确定性中的确定性

氢能的发展自2020年之后,扑面而来。关于氢能的发展,仁者见仁、智者见智。支持和质疑的声音都不绝于耳。本报告的目的是就是在争论中提炼出氢能产业发展中具有确定性的因素:

首先,氢能在中长期的发展是有确定性的。

最大的推动力来自中国和全球在"通过碳减排控制全球变暖"方面的共识。国际能源署发布的《中国能源领域的碳中和路线图》认为,中国要在2060年实现碳中和,氢能要在未来能源版图中发挥非常重要的作用。这一报告指出,电解氢的生产是电力需求增长的最大贡献者(见图21),占2060年电力需求的近20%,即3300太瓦时——两倍于今天印度的发电量。

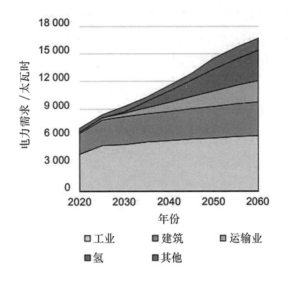

图 21　中国电力消费的预测

（资料来源：国际能源署《中国能源领域的碳中和路线图》）

其次，利用可再生能源电解水制氢的发展是具有确定性的。

当前氢能源的规划是以需求端，主要是氢燃料电池汽车为出发点的，这种做法显示度高，但并不是最优的做法。当前中国的氢气来源主要是化石燃料重整制氢，碳排放高，与碳中和的发展趋势相悖。在可再生能源电解水制氢没有突破之前，发展氢燃料电池汽车会造成氢能源市场的供给和需求错配，推高氢燃料的价格，这反过来又会抑制氢燃料电池汽车的推广，并威胁到碳中和目标，也不能服务于提升可再生能源电力消纳能力的目标。

所以，可再生能源制氢的发展和成熟，是氢能源推广使用的最大挑战。在供给端的这一问题没有解决之前，在需求端的发力只能导致氢能源市场的供需紧张，同时也产生碳排放的压力。前面我们分析到，碳减排的大趋势是氢能源发展的最大推动力，如果氢能的发展与这一目标产生矛盾，那氢能的发展也就失去了其最主要的推动力。所以，未来在供给端解决可再生能源制氢的问题，必将成为政策的主要发力点、也因此会成为氢产业最有爆发力的领域。

我国《氢能产业发展中长期规划（2021—2035 年）》明确提出，到 2025 年，我国要初步建立以工业副产氢和可再生能源制氢就近利用为主的氢能供应体系;可再生能源制氢量达到 10 万～20 万吨/年,成为新增氢能消费的重要组成部分。再经过 5 年的发展,到 2030 年,形成较为完备的氢能产业技术创新体系、清洁能源制氢及供应体系,可再生能源制氢将得到广泛应用。到 2035 年,可再生能源制氢在终端能源消费中的比重明显提升,对能源绿色转型发展起到重要支撑作用。这充分说明,可再生能源制氢是我国未来氢能源发展的政策重点。

再次,分布式氢能源制备和利用模式是具有确定性的。

分布式新能源发电是未来的重要发展趋势。集中式的新能源发电,在我国面临着天然的困难:那就是主要的发电能力在西部和北部,但主要的用电需求在东部和南部。电力供给和需求的空间错配,是集中式新能源发电面临的困难。因此,分布式新能源发电,就成为一个重要的选择。2020 年 11 月,杜祥琬院士在中国能源研究会年会上,做了题为《世界能源形势与我国能源革命》的主题演讲,明确提出,"分布式低碳能源网络是能源的'产消者',其自发自用、寓电于民,也可与集中式电网互动。风、光规模化发展,加上与储能的结合,将成为稳定输出的高质量电力。据估计,到 2025 年,'新能源+储能'的市场将迈入千亿级。中东部大批'产消者'和'VPP(虚拟电厂)'将创造中国电力系统的新形态,中国能源局面将会发生革命性的变化。"①。2021 年 6 月下旬,国家能源局印发《关于报送整县(市、区)屋顶分布式光伏开发试点方案的通知》,提出了"宜建尽建"原则。这充分表达了政府发展分布式新能源发电的决心和意愿。

分布式新能源发电让电力的供给和需求更难预测,所以更需要储能的配合。前面我们提到,氢储能是重要的储能手段之一。而且分布式的特点,也很好地绕过了氢气储存和运输的成本过于高昂的问题,有助于加速氢能的发展和利用。在这方面,宝丰能源提供了很好的案例。从供给侧看,宝丰能源地处宁夏,西北地区有很好的光照和风力资源,但弃风、弃光现象严重。利用价格低廉的新能源电力,宝丰成为目前国内首家实现规模化生产绿氢的企业。公司现已形成全球最大的 3 亿标准立方米绿氢、1.5 亿标准立方米绿氧产能,并以每年新增 3 亿标准立方米绿氢的速度不断扩大产能②。从需求侧看,宝丰能源生产的

---

① 2020 年中国能源研究会年会《中国工程院院士杜祥琬:以革命姿态进行能源转型,共同成就能源体系新常态、高质量、新体系》。

② http://stock.10jqka.com.cn/20220324/c637763952.shtml.

氢气，主要用于宝丰自身的化工生产补氢[1]，推动煤化工行业的低碳转型，同时用于宁夏的公交系统。所以从供给和需求两个方面，都做到了本地化，从而避免了氢能源制备成本高、运输成本高的问题。另外一个例子是陕西的华秦氢能。从供给侧看，主要利用临近工厂的工业废氢，通过管道输送到华秦以提纯使用。在未来，会利用榆林地区废弃的采矿区，构建光伏发电能力，发展电解水制氢。从需求侧看，主要是供榆林地区采矿业的重卡使用。这样在供给侧和需求侧也做到本地化，解决了制氢成本高、运输困难等诸多问题。

然后，氢基液体燃料的发展是具有确定性的。

氢在常温下是作为气体存在的，所以在运输上成本非常高；同时因为其物理化学属性，也存在易燃易爆的安全性问题。澳大利亚国家工程院外籍院士、南方科技大学清洁能源研究院院长刘科有个影响力非常大的演讲，其中提到一个观点，"液体可能是最好的储能的载体。液体能源有个非常好的特点，陆上可以管路输送，海上可以非常便宜地跨海输送。假设这个汽油是从休斯敦炼油厂用船拉到深圳盐田港再到加油站，这一升的运费是多少钱？我让好多搞能源的朋友猜，有人猜是3块5，甚至有人猜5块，也有人猜1块的，我说真正的答案是7分钱不到"。[2]

因此，把氢气转化成为液体状态的氢基燃料，能有效地解决氢气安全性和运输能本高的问题。例如1995年诺贝尔化学奖得主乔治·奥拉博士在其专著《跨越油气时代：甲醇经济》（*Beyond Oil and Gas：the Methanol Economy*）中对于二氧化碳合成甲醇技术进行了较为详细地阐述，并且对甲醇在未来能源解决方案中的重要作用进行了重点说明，即"甲醇经济"。按照这一思路，冰岛碳循环国际公司（Carbon Recycling International，简称"CRI"）于2007年创立于冰岛雷克雅未克市，凭借其独有的ETL（Emission to Liquid）专利技术，成为世界领先的循环利用二氧化碳合成甲醇的创新技术公司。主要的思路是用地热资源电解水生成氢气，然后再与大气中的碳合成甲醇。虽然燃烧的过程也会产生碳排放，但因为使用的是大气中捕捉到的碳或者工业生产中原本要排放的碳（例如焦炉煤气），所以也是一种碳中和的做法。

CRI公司通过多年的技术开发和试验，于2012年在冰岛雷克雅未克建成

---

① https://xueqiu.com/4996030201/220579277.

② https://baijiahao.baidu.com/s？id＝1716092941847742155&wfr＝spider&for＝pc.

了甲醇产能为 1200 吨/年的二氧化碳制甲醇技术的工业化示范装置,并于2014 年成功地将装置产能扩大到 4000 吨/年,且一直连续运行至今。北京碳零工程技术有限公司与 CRI 公司合作,在国内开发焦炉煤气和二氧化碳制甲醇的技术,目前在国内也有落地。例如河南顺成集团 2022 年在安阳的项目,项目一期总投资约合人民币 7 亿元,拟建成年产绿色低碳甲醇 11 万吨,年吸收温室气体二氧化碳 16 万吨,年间接减排温室气体二氧化碳约 60 万吨,相当于 60 万亩(400 平方千米)成熟森林一年吸收的二氧化碳。项目产生年销售收入约6 亿元人民币,全投资内部收益率可达 23%,产生利税 1.9 亿元,解决就业130 人。[①]

所以,以甲醇制备为代表的液态阳光产业是革命性的,会引起整个行业的变革。

案例 10:众院士兰州新区"对话液态阳光":照亮绿色能源未来

怎样把阳光变成现在化学工业里面可以使用的,或者是能源工业里可以使用的燃料和化学品?中国科学院院士、上海交通大学常务副校长丁奎岭说,通过把阳光、太阳能发电,高效地电解水制氢,氢气再跟二氧化碳结合变成甲醇,有了甲醇以后,就可以有现代石油化学工业里面的乙烯、丙烯、醋酸、醋干等,几乎我们现在衣食住行所用的材料、医药工业所用的原材料它都可以做到,"液态阳光是一个非常好的概念,也是一次非常好的实践"。

液态太阳燃料合成示范项目鉴定结果于 2020 年 10 月 16 日在兰州发布,该项目由中国科学院大连化学物理研究所研发、兰州新区石化产业投资集团有限公司建设和运营、华陆工程科技有限责任公司设计。鉴定委员会专家一致认为:液态太阳燃料合成示范项目集成创新了液态太阳燃料合成全流程工艺装置,具有完全自主知识产权,整体技术处于国际领先,同意通过鉴定,并建议国家相关部门在重点地区着力推广应用,加快十万吨级产业化项目建设。

---

① https://baijiahao.baidu.com/s? id=1706308717168732512&wfr=spider&for=pc.

当日，"绿色氢能和液态阳光甲醇高端论坛"在兰州新区举行。来自国内18名院士、逾百名专家学者齐聚一堂，汇聚智慧，通过主题演讲和座谈交流，共话绿色能源领域的热点和前沿问题，探讨可再生能源、氢能、甲醇应用以及绿色新兴产业发展。

中国可再生能源潜力巨大，二氧化碳减排任务艰巨。如何利用可再生能源替代化石燃料、保障液体燃料供给，实现低碳经济，成为关系我国能源安全及经济可持续发展的重要课题。液态太阳燃料合成提供了一条从可再生能源到绿色液体燃料甲醇生产的全新途径，它利用太阳能等可再生能源产生的电力电解水生产"绿色"氢能，并将二氧化碳加氢转化为"绿色"甲醇等液体燃料，被形象地称为"液态阳光"。

中国科学院院士、中国科学院副院长张涛说，此次论坛以氢能和液态阳光为主题，探讨可再生能源，尤其是太阳能大规模经济利用的关键技术、可行性和发展方向，是一个非常重要的话题，中国能源安全问题，主要是油气的安全供应问题。

由于资源禀赋特征，中国的油气产量大幅度提高，短期内通过煤制油气和化工品可以替代部分技术的油气，但环境的污染、水资源的约束和二氧化碳的排放问题，都面临巨大的挑战。张涛认为，还要通过产、学、研、用、政等各方面的通力合作，以及多学科的交叉来推动产业领域快速发展。

"液态太阳燃料合成示范项目"是中国科学院院士、中国科学院大连化学物理研究所研究员李灿根据我国能源与生态环境现况建议在西部地区先行先试的一个千吨级示范项目。中国科学院院士、兰州大学校长严纯华说，氢经济和甲醇经济是过去几十年来在政府、企业家及读书人心目中的一个盛典，李灿院士集过去几十年的研究成果，把氢经济和甲醇经济能够关联起来，并且用他的方法，建立起千吨级的示范工程，是一个奇迹。

甘肃省副省长李沛兴说，绿色能源领域发展前景广阔，投资潜力大，近年来，俗称"液态阳光"的太阳燃料受到世界各国的重视，被认为是破解大气污染和碳排放的理想途径，该项目在兰州新区的投产运营，标志着中科院在该领域的研究和应用走到了世界前列,开创了兰州新区与一流科研院所、一流院士专家创新合作新境界。

(资料来源:http://www.nengyuanjie.net/article/41554.html)

最后,重卡氢燃料电池汽车的发展是有确定性的。

前面提到,氢燃料电池汽车是当前国家政策鼓励的主要发力点。但是从我们的分析来看,氢燃料电池乘用车的发展是没有特别大的前途的,主要是由于以下几个原因。第一,成本问题。乘用车的推广,要求氢能源基础设施,尤其是运输、储存和加氢站的全面铺开。虽然有中石化等国企的赋能,但如此庞大的体系,在缺乏商业盈利性的前提下,很难形成。第二,安全问题。乘用车分布在千家万户,并不是每一个车主都能做到规范操作。在城市中,相当一部分乘用车停放在地库,属于封闭空间,这大大放大了使用氢燃料的风险。第三,氢燃料电池最大的优点是能量密度大,续驶里程长。这一优点在乘用车市场,缺乏吸引力。乘用车的主要用途是代步,在大城市和小城镇,目前电动汽车的续驶里程完全能够满足用户方便的需求。城际交通有非常方便的高铁,因此乘用车需求有限。

但是在重卡方面,氢能源能量密度高的优势发挥得淋漓尽致。同时,重卡通常行驶路线固定,加氢设施容易规范布置;驾驶员可强制通过培训,操作流程容易实现规范化;同时也停放在开放空间,因此安全隐患更小。重卡是移动源碳排放的主要来源[1],减排压力大。因此,氢能在重卡方面的应用是可期待的。美国的普拉格、韩国的现代,都在这方面取得了不小的进展。

---

[1] 2019 年,我国按照《联合国气候变化框架公约》相关要求提交了《中华人民共和国气候变化第二次两年更新报告》,发布了 2014 年国家温室气体清单,其中交通运输温室气体排放 8.2 亿吨二氧化碳当量,占全国温室气体排放总量的 6.7%。其中 65% 来自商用车,只有 17% 来自乘用车。参考:中华人民共和国生态环境部《中国移动源环境管理年报(2020)》。

分报告（一）：
美日氢能产业发展战略及相关启示

2021年，随着碳中和目标的落地，氢能产业发展成为各级政府最为关注的领域之一。中央政府将氢能与储能列为国家六大未来产业之一，北京等地方政府纷纷出台氢能产业发展规划。他山之石，可以攻玉。美日在氢能产业发展领域有几十年的历史，是目前世界氢能产业发展的第一梯队。美日氢能发展经验和教训可以为中国提供参考和借鉴，同时深刻了解美日的战略也可为中国氢能产业参与国际合作和竞争提供支撑。本报告将从两方面，即战略层面及发展机制层面，来探讨美日的发展经验。战略层面涉及发展历史、目前的规划和发展重点；而发展机制则主要探讨市场及政府在氢能发展中所扮演的角色。最后我们总结美日氢能产业发展战略对中国未来氢能产业发展的启示。

2.1 引言

中国是个典型的多煤少油少气的国家,石油和天然气进口量的比例逐年增加。以原油为例,根据中国海关总署的资料,2020 年全年中国原油进口量为54238.6 万吨,较 2019 年的 50567.6 万吨增加 7.3%,进口比例超过 70% 以上[①]。从能源安全的角度来看,中国大力发展替代能源是个必然的选择。与此同时,大力发展替代能源,也是实现 3060 双碳目标的必然要求。在替代能源的发展路线中,氢能受到越来越多的关注。

截至 2020 年 6 月,全国范围内省及直辖市级的氢能产业规划超过 10 个,地级市及区县级的氢能专项规划超过 30 个。2020 年 9 月,北京市发布了《氢燃料电池汽车产业发展规划(2020—2025 年)》,提出了到 2025 年推广 1 万辆氢燃料电池汽车的目标。2020 年 9 月 21 日,财政部、工业和信息化部、科技部、国家发展和改革委员会、国家能源局发布《关于开展燃料电池汽车示范应用的通知》,聚焦商用车和绿氢两大场景,采取"以奖代补"方式,对开展燃料电池汽车关键技术产业化和示范应用的城市群给予奖励。一系列的政策倾斜都使得氢产业受到极大的关注。根据百度热度指数,氢能在 2020 年和 2021 年得到的关注,与 2019 年相比,有大幅提升。

2021 年 3 月,《中华人民共和国国民经济和社会发展第十四个五年规划和2035 年远景目标纲要(草案)》将氢能与储能列为国家六大未来产业之一。中国对于氢能的重视度越来越高,但中国的氢能发展仍然处于早期阶段。怎么发展氢能,怎样使氢能服务于中国能源转型的需要,且同时帮助中国在国际市场上取得竞争能力,是一个需要研究的问题。美日研究以及发展氢能的时间比中国要早许多。如今随着世界对于新能源的需求与发展加速,美日都积极出台相应的政策来发展氢能。本报告希望通过对美日政策的研究及探讨,分析给中国带来的启示,并盼望能为中国氢能发展战略和政策的制定提供决策参考。

---

① 刘叶琳.原油进口价格震荡修复[N].国际商报,2021-01-27.

2.2　美国和日本氢能产业发展战略的比较

发展氢能产业的主要驱动力,来自摆脱化石能源依赖的内在需求:首先是减少因为化石能源使用产生的碳排放;其次是化石能源进口国减少其能源的国际依存度。美国自从成功实现页岩油革命之后,从能源进口国转变成为能源出口国;而日本是个资源紧缺的国家,能源进口依存度很高。与此同时,在实现碳减排,遏制全球变暖趋势方面,美国在国家层面上的行动也没有日本坚定。所以从国家层面上看,美国发展氢能产业的积极程度以及战略地位相比于日本要低。但这并不意味着美国氢能产业发展的力度比日本差。美国氢能产业的发展,主要来自实现碳减排的民间自觉,以及企业参与并把握世界低碳经济发展的需求。这决定了美日在氢能战略和产业实施规划方面有所差别。

2.2.1　美日氢能产业发展的历史和现状

2.2.1.1　美国

美国开始关注氢能始于 20 世纪 70 年代。当时出台了 Advanced Automotive Propulsion System Program(AAPSP),主要评估了在汽车产业中,用新型能源,包括氢燃料电池,替代内燃机的可能性。主要推动力是 20 世纪 70 年代初的石油危机,使美国认识到依赖国外输入化石能源给国家安全造成的挑战。

美国的氢能政策于 20 世纪 90 年代开始细化,如 1992 年颁布的 *Energy Policy Act of* 1992 主要探讨了燃料电池在运输系统中的应用;1996 年的 *Hydrogen Future Act* 评估了光伏制氢或固体废物气化制氢的燃料电池发电系统。在这些基础之上,美国陆续推出了一系列有针对性的政策,如 2004 年的 *FreedomCAR and Fuel Partnership Plan*,致力于降低氢燃料电池汽车的成本,以及推动国家氢基础设施的研究与开发;2005 年的 *Energy Policy Act of* 2005 就与氢能、燃料电池及相关基础设施的生产、提纯、分配、存储和使用有关的技术进行研究与开发。最近几年,美国氢能的发展被提到一个前所未有的高度:美国燃料电池和氢能协会于 2019 年发布了《美国氢能经济路线图——减排及驱动氢能在全美实现增长》;2020 年美国能源部发布了《氢项目计划》,该报告阐述了美国能源部如何致力于加强开发美国氢能源技术,以及如何与学术界及工业界合作来开发氢能源。这显示了美国对于氢能的高度重视。

经过多年的发展，美国氢能产业进入商业化应用的初始阶段。美国累计建造了 145 个加氢站；售卖了数以万计的燃料电池交通工具（包括家用车与重型卡车等）；美国还有 8 座液化厂，累计产能超过 200 吨/天[①]。根据《氢项目计划》报告，美国能源部在过去的 20 年间，在氢能相关领域一共投资了 40 亿美元，涉及氢能生产、运输和储存等产业链的各个环节。主要的成就是使基于氢气与天然气的发电机进入商业化阶段；同时把无碳氢气（利用热重组技术与碳捕捉技术）的生产成本降低到一千克 2 美元（约 12.95 元人民币）[②]。

在美国，氢能在长途重型车辆领域有着大面积的使用。美国在这方面领先全球。与其他市场相比，美国有着巨大的长途重型车行业，每年总共行驶 1800 亿千米。在长途重型卡车领域，燃料电池汽车相比于电动卡车，有巨大的优势，主要是重量轻、能量密度高，因此续驶里程长。根据普拉格能源官网的数据，该公司在全世界已经部署了 35000 重型车，运行了 5.8 亿小时以上。Baum and Associates 公布的数据显示，截至 2020 年 4 月 1 日，美国累计出售和租赁的燃料电池重卡数量已达到 8285 辆，售价在每辆 16 万美元（约 103 万元人民币）。

虽然取得了以上的成就，但美国氢能源产业仍然面对许多的问题。例如，氢能的安全性仍然没有得到充分验证，生产和相关基础设施的建设成本，相对于其他能源产业而言偏高，这些都阻碍了氢能的蓬勃发展。想要实现商业化，必须在降低成本、提高氢能安全性及拓展氢能源的应用方面取得更大的进步。

2.2.1.2 日本

从时间上来看，日本的氢能主要分为三个阶段：燃料电池和氢能技术储备期（1970—2001 年）、技术实证期（2002—2011 年）与产业化加速期（2012—当前）。

日本于 1973 年开始关注氢能源产业。当时因石油危机的爆发，日本政府先后出台了《月光计划》和《能源与环境领域综合技术开发计划》，出资支持氢能和燃料电池技术研发，开启了日本能源转换的序幕。《月光计划》旨在不断扩大

① IHS Markit. Hydrogen market outlook，supply & demand，forecast and analysis ［R］. London：IHS Markit，2021.

② Majumdar A，Deutch J M. A framework for a hydrogen economy ［J］.Joule，2021，5（8）：1905 - 1908.

开发利用各种新能源,缓解化石能源对于环境的污染。1980 年,日本新能源产业综合技术开发机构(The New Energy and Industrial Technology Development Organization,NEDO)成立。1981 年,日本通产省在《月光计划》中开始启动燃料电池的技术研发。

1993 年日本开始实施"世界能源网络计划",氢能源的基础研究也包括在内。2001 年 1 月日本政府出台《燃料电池实用化战略研究会报告书》,氢能产业发展的重点从大规模利用海外可再生能源制氢再运往日本用作发电燃料的构想,转向氢燃料电池的开发和实际应用。2002 年日本氢能与燃料电池(Japan Hydrogen and Fuel Cell,JHFC,日本经济产业省资助成立的政府研究机构)开始对燃料电池车和加氢站的实际应用展开研究。

2003 年 10 月,日本《第一次能源基本计划》首次提出建设未来"氢能源社会",通过能源供给侧和需求侧改革(如进口海外氢气资源、终端利用燃料电池)改变日本能源供需结构和消费方式。对内,将氢能作为重要二次能源,提升能源安全,与可再生能源协同发展建设零碳社会;对外,开拓业务市场,引领世界氢能与燃料电池技术发展。2005 年,NEDO 作为日本最大的氢能源公立研究开发管理机构,开始对氢能源电池展开大规模的实际应用研究。2006 年日本发布"核能立国计划"大纲,提出以核电为基础发展氢能源的方向。

2012 年之后,日本进入发展氢能的产业化加速期。目前,日本的燃料电池在商业化应用方面世界领先,主要的成就领域有以下几个方面:家庭用燃料电池热电联供固定电站,售卖燃料电池车以及打造氢能社区(见表 18)。

表 18 日本氢能产业的主要商业化成就

	家用热电联产系统 ENE-FARM	燃料电池车	氢能社区试点
开始投入年份	2014 年	2014 年	2011 年
成本	149 万日元(大约 8.7 万元)	补贴后丰田的 Mirai 28 万元/辆;本田 Clarity Fuel Cell 30 万元/辆	—

	家用热电联产系统 ENE-FARM	燃料电池车	氢能社区试点
成就	截止到 2020 年，全球累计量突破 38 万台①	2020 年日本售出 797 辆燃料电池汽车②	世界上第一个氢能社区示范项目，测试从附近一家钢铁厂向住宅、商业和公共设施供应副产品氢的情况
未来预期	2030 年之前实现 530 万套的销售目标③	2030 年实现保有量 80 万辆④	—
备注	它是一种燃料电池在家庭中高效利用的能源系统。通过天然气重整制取氢气，再将氢气注入燃料电池中发电，同时用发电时产生的热能来供应暖气和热水，整体能源效率可达 90%	实际驾驶距离超过 500 千米，成为全球燃料电池汽车的主打产品之一，目前日本企业正在向公共汽车、重型卡车和叉车等领域拓展	使用管道供应氢，燃料电池在多个应用程序中进行可操作性测试，燃料电池驱动车辆、小型叉车和自行车等运行，并向家庭供电

2.2.2 美日氢能产业发展的未来规划

美国与日本的资源丰富度不一样，过去的氢能发展路线也不同，这使得它们对于氢能发展的未来规划和战略重点也有所不同。美国的规划主要着重于技术、商业化等方面；而日本则侧重于让氢能能够普及大众方面的应用，并且探索通过国际合作缓解能源危机。

2.2.2.1 美国

美国燃料电池和氢能协会于 2019 年发布了《美国氢能经济路线图——减

---

① 于海南. 全球 SOFC 发展启示录［N］. 香橙会研究院，2021-04-14.
② 参见氢云链数据库。
③ 于海南. 全球 SOFC 发展启示录［N］. 香橙会研究院，2021-04-14.
④ Ministry of Economy，Trade and Industry. Basic hydrogen strategy determined［R］.METI，2017.

排及驱动氢能在全美实现增长》。主要的发展规划可以分为时间规划与技术规划。时间规划设立了每个阶段需要完成的目标。而技术规划则重点列出了需要研究的领域，以突破氢能许多技术上的窘境。时间规划提及了美国在2020—2030年十年期间以及往后的氢能源计划。而后美国能源部于2020年发布了《氢项目计划》，重点提及了氢能源技术的相关难题以及如何去应对。技术方面的主要思想可以总结为降成本、提性能、扩应用。

时间规划：《美国氢能经济路线图——减排及驱动氢能在全美实现增长》规划了氢能发展的四个战略阶段：2020—2022年，2023—2025年，2026—2030年，2030年之后。每个阶段都有指定的目标和预估的氢能需求量，也设立了氢能主要相关产业的设备发展目标。战略规划目标如表19所示。

表19 《美国氢能经济路线图——减排及驱动氢能在全美实现增长》的战略规划

时期	2020—2022年	2023—2025年	2026—2030年	2030年之后
主要任务	增加公众接受度，扩大氢能供应规模	扩大生产规模	氢能的多元化发展	氢能大规模应用，实现低成本和高度商业化且出口其他国家
氢气需求/万吨	1100	1200	1300	1700
FCEV，燃料电池电动车销量/辆	2500	3万	15万	120万
重型车设备销量/辆	2.5万	5万	12.5万	30万
加氢站/座	63	165	1000	4300
年度投资/美元	—	10亿	20亿	80亿
产生的工作岗位/个	—	5万	10万	50万

资料来源：美国燃料电池和氢能协会《美国氢能经济路线图——减排及驱动氢能在全美实现增长》。

《美国氢能经济路线图——减排及驱动氢能在全美实现增长》预测到 2025 年底，美国总氢能需求量将达到 1300 万吨。而美国在 2030 年底之前需要建设 1000 座加氢站，主要服务重型车。随着美国的氢能基础设施的完善和制氢成本的降低，氢能市场有望拓展，并实现氢能的多样化利用。在未来，生产氢气的成本进一步降低，可以与石油等传统能源价格相匹配。航空业与运输业使用氢基合成燃料的规模就会扩大。《美国氢能经济路线图——减排及驱动氢能在全美实现增长》预测到 2030 年之后，氢能总需求量达到 1700 万吨，全国运营 4300 座加氢站，也吸引 80 亿美元的年度投资。

在 2030 年后氢能会在各个行业得到大规模的应用。制氢设备升级，成本降低，低碳制氢技术成熟。此外，美国推出多种不同款式的燃料电池车来满足不同客户人群的需求。美国还在这一时期向欧洲与亚洲出口相关技术与能源。这能够为美国带来经济活力。到 2050 年，美国氢气行业的总收入可达到 7500 亿美元。

技术规划：美国能源部于 2020 年 11 月发布了《氢项目计划》，主要探讨了氢能产业相关的技术与成本问题，重点列举了生产、运输、储存、制造等方面需要克服的问题。我们可以将该报告的主要内容总结成表 20。

表 20　《氢项目计划》列出的主要技术难题

环节	需要克服的问题
生产	低成本、更高效、更耐用的电解槽； 更先进的 PMR 系统设计； 生物质和废物中制氢； 低成本和无害环境的、碳捕捉、利用与封存技术
运输	低成本和更可靠的氢气配送系统； 先进的氢配送技术和概念，包括液化和化学氢载体
储存	低成本储氢系统； 更高的存储容量； 大规模存储，包括地下储存

资料来源：美国能源部《氢项目计划》。

2.2.2.2 日本

自从日本发生福岛核事故之后，日本在能源科技发展上有着重大调整且影响至今。日本将氢能作为应对气候变化和保障能源安全的一张王牌，为此制定了建设"氢能社会"的基本战略目标，提出要建立制备、储存、运输和利用的国际产业链，积极推进氢燃料发电，扩大燃料电池及其汽车市场。

时间规划：如今日本正处于产业化加速期。2014 年日本发布的《氢能源白皮书》中将氢能源定位为日本国内发电支柱。2015 年日本推出《日本再复兴战略》，支持建造加氢站，强调今后通过氢能发电站的商业运作来增加氢能流通量并降低价格。2017 年 12 月，日本政府制定《氢能基本战略》，从战略层面设定氢能的中长期发展目标。2018 年 7 月，日本政府发布《第五次能源基本计划》，定调未来发展方向是压缩核电发展，降低化石能源依赖度，加快发展可再生能源，以氢能作为二次能源结构基础，同时充分融合数字技术，构建多维、多元、柔性能源供需体系，实现 2050 年能源全面脱碳化目标。

2018 年，日本召开全球首届氢能部长级会议，共有来自全球 20 多个国家和欧盟的能源部长及政府官员参加。2019 年 3 月，日本更新《氢能与燃料电池战略规划路线图》，提出到 2030 年的技术性能和成本的标准。2019 年 9 月，日本政府出台《氢能与燃料电池技术开发战略》，确定燃料电池、氢能供应链、电解水产氢三大技术领域 1 个重点研发项目的优先研发事项。从最初的发展氢能的基本战略，直到最近的技术开发战略，日本从战略到战术再到具体执行层面，稳步推进氢能和燃料电池的技术发展与应用（见表 21）。

表 21　日本各个时间段的目标

	当时（2017 年）状况，2020 年为预估	2030 年目标	2050 年及以后
供给	氢能主要来自化石能源的副产品和天然气整合，正在进行氢能供应链的开发以及量产示范	开拓国际氢能供应链，开发国内电制氢，提供可再生的氢能供应	无二氧化碳排放的氢能（裸煤生产氢能同时结合碳捕捉、利用与封存技术，利用可再生能源制氢

	当时（2017 年）状况，2020 年为预估	2030 年目标	2050 年及以后
产量	当时 200 吨/年,到 2020 年达到 4000 吨/年	300 万吨	2000 万吨,主要用于氢能发电
成本	126.81 元/千克	21.13 元/千克	14.09 元/千克
发电	研发阶段,氢能发电示范,建立环境价值评估系统	17 日元/千瓦时（1 元/千瓦时）	12 日元/千万时（0.7 元/千瓦时）,取代天然气发电
汽车方面	2020 年加氢站 160 座 2020 年燃料电池汽车 40000 辆 2020 年燃料电池公共汽车 100 辆 2020 年燃料电池叉车 500 辆	加氢站 900 座 燃料电池汽车 800000 辆 燃料电池公共汽车 1200 辆 燃料电池叉车 1000 辆	加氢站取代加油站 燃料电池汽车取代传统燃油汽车 引入大型燃料电池车

资料来源:日本经济产业省《氢能基本战略》。

技术规划:在氢能产业方面,2030 年的氢能供应量增加到 300 万吨,到 2050 年达到 2000 万吨。在成本方面,2030 年在发电和交通运输等领域将氢能成本降低到 30 日元/立方米（约 1.77 元/立方米）,到 2050 年降至 20 日元/立方米（约 1.18 元/立方米）。表 22 列出了《绿色增长战略》提及的主要技术难题以及环节中的技术目标。

表 22 《绿色增长战略》列出的主要技术难题及目标

环节	需要克服的问题或目标
生产	推进氢还原炼铁工艺技术开发; 研发废弃塑料制备氢气技术; 推进可再生能源制氢技术的规模化应用; 开发电解制氢用的大型电解槽; 开发高温热解制氢技术研发和示范

环节	需要克服的问题或目标
运输	开展长距离远洋氢气运输示范； 参与氢气输运技术国际标准制定
应用	新型高性能低成本燃料电池技术研发

资料来源：日本经济产业省《绿色增长战略》。

2.3　美日氢能源发展战略的比较分析

美日因为资源禀赋不同，氢能发展的历史不同，所以在当前的氢能发展战略上也有所区别：因美国国内能够产出大量的天然气，因此具有庞大的资源制取氢气，而日本寻求国际合作，在国外制氢再运输回本土，所以美国专注氢能的短程运输而日本专注长途运输；美国本土发展天然气重组氢制备技术和电解水氢制备技术有着天然的成本和资源优势，日本则因资源和成本的劣势进而积极寻找国际合作以求突破口。

2.3.1　本土制备 vs. 国际合作

美日两国能源结构的不同导致了美日对于氢能供应侧的要求与发展态度不同。

美国国内有着大量的天然气存量，为制造氢能提供天然的资源优势。此外，美国中部地广人稀，可以建设大量的太阳能与风能电厂，提供相对廉价和清洁的电力，用于电解水生成氢。美国正在探讨在中部大量制取氢能，再将氢运输至沿海一带发电的商业模式。所以美国的政策侧重于研究新技术来突破成本限制，降低氢的供应成本，让氢能能够在更多方面得到应用。

从日本方面看，因为日本本土缺乏天然资源，所以日本积极寻找国际合作伙伴来发展氢能供应侧。日本希望建立有价格优势的国际氢能链。通过政府间、私人部门与政府之间合作，建立高效的氢能运输、储存系统。目前液态氢的运输和使用已经在日本国内有所展开，未来可以将甲基环己烷、氨、甲烷等作为氢的运输载体。具体包括：日本在文莱设厂，利用当地工业废气制氢后运回日本；在澳大利亚利用当地低品质褐煤资源，通过化石燃料制氢再运回日本；与挪威等国开展多边合作推动关键技术验证。总之,日本的策略是输出技术,然后利用当地的资源,在国际范围内布局氢产业链。

因为战略取向的不同,美国和日本在氢能产量方面差别巨大。美国目前每年生产 1000 万吨氢气(其中 95% 是通过天然气集中重整的)。日本全年生产大约 16 万吨的氢气。日本国内的液化氢生产主要以岩谷产业为中心,日产量为 44 吨左右[①]。

2.3.2 氢能的运输

美国专注于短程运输。氢可以通过几种不同的途径作为纯氢或作为化学载体的一部分进行运输和分配:在管道中、高压罐中运输或作为液体通过加油车运输。大量的氢气也可以通过铁路或轮船运输。根据《氢项目计划》,美国在氢能运输方面的目标有两个:①发展成本更低、更可靠的氢气配送系统;②发展更为先进的氢配送的技术和概念,包括液化和基于材料的化学氢载体。

此外,美国能源部在相关领域的研究主要确定了以下攻关方向:

(1)增加加氢站或加油站使用氢配送系统和其他相关系统的吞吐量;

(2)提高配送软管和密封件(如压缩机)中所用材料的可靠性;

(3)通过新颖的设计来延长点胶软管的使用寿命,为压缩机、低温输送泵和分配器开发新颖的设计以提供足够的产量;

(4)研究新材料以延长高压存储容器的寿命和容量。

日本因国土相对于美国小很多,在短途运输上没有投入太多注意力。日本反而在长途运输氢能上下了很多的努力。这主要是因为在日本的既定战略中,国内生产氢气的成本高,未来主要依靠国际氢气进口。

2020 年,由多家日本企业组成的新一代氢能链技术研究合作组(AHEAD)实现了全球首次远洋氢气运输,从文莱向日本运输了第一批氢气,用于燃气涡轮机发电。这在世界范围内是领先的。日本目前也与许多国家合作拓展制取氢能的产业链,包括文莱、澳大利亚、沙特等国家。氢气具有易挥发、易燃等性质。如何稳定安全地运输氢气成为首要问题。如果未来日本在相关领域继续深耕,一定会在远洋运输氢能领域成为领跑者。

---

① 日经中文网.日本国内要建全球最大级别液化氢生产设施[N].日经中文网,2021 - 02 - 26.

2.3.3　天然气重组氢制备技术

当前在氢制备方面实现商业化的模式,主要是通过热重组技术,利用天然气与水蒸气进行化学反应进而得到氢气与一氧化碳,化学反应式为 $CH_4 + H_2O \rightleftharpoons CO + 3H_2$。此反应式也显示了这项技术的致命缺点,那就是也会产生温室气体的排放,所以必须和碳捕捉技术配合使用。另外一个在未来可能发挥主导的技术是通过电解水来获取氢能,但这种方式目前的成本还很高,另外电解水的电力来源决定了这个过程中碳排放的强度。

美国当前95%的氢气是由天然气进行热重组产生的[1]。美国正在大力研发二氧化碳捕捉、利用与封存技术以收集更多氢气制备中产生的二氧化碳,能够让氢气成为一个完全的绿色能源。

美国目前已经开发出了生产系统,以低于 2 美元/千克(约 13 元/千克)的价格使用热重组技术生产氢[2],但在催化、分离、控制、多联产、工艺强化和先进的模块化方面仍有待进步。全球普氏能源资讯(S&P Global Platts)评估了日本生产氢气的成本(不包括资本支出),其中不含碳捕捉与封存技术的 SMR(甲烷水蒸气重整制氢)的成本为 143.29 日元/千克(约 8.43 元/千克)[3]。美国现今阶段不包含碳捕捉、利用与封存技术的成本为 1.25 美元/千克(约 8.1 元/千克)[4]。因此可以看出,当前日本的制氢成本高于美国。美国能源部与工业界合作启动项目,希望通过使用人工智能,进一步降低化石基制氢的成本。该项目的目标是将碳中和的氢气产量目标控制在 1 美元/千克(约 6.48 元/千克)以下。

日本不但氢制备技术的成本高,更重要的是,日本获取原料,也就是天然气的成本也大大高于美国。日本进口天然气的成本是 0.57 美元/千克(约 3.69 元/千克)[5]。目前根据 Market Business Insider 的数据,美国的天然气成本是

---

① US Department of energy. department of energy hydrogen program plan ［R］. US Department of Energy,2020.

② 同①。

③ S&P Global Platts. S&P global platts hydrogen price assessments ［R］. S&P Global Platts,2019.

④ Dagdougui H, Sacile R. Hydrogen Production and current technologies ［J］. Hydrogen Infrastructure for Energy Applications,2018,2:7-21.

⑤ Klein C. LNG energy price Japan 2013—2019 ［N］. Statista,2020-10-13.

0.122 美元/千克(约 0.79 元/千克)①。所以日本获得的天然气成本差不多是美国的 5 倍,这使得天然气重整制氢在日本的商业可行性不高。

2.3.4 电解水氢制备技术

从技术上看,我们可以利用电能或热能将水分解为氢和氧。使用电来分解水的低温电解器(包括基于碱性和液膜的电解器)具有商业可行性,目前可提供数兆瓦的规模。电解器相关设备的成本降低有利于氢能生产成本的下降。聚合物电解质膜(PEM)电解是大规模采用的技术。

限制着电解水制氢的是成本问题。数据显示,目前美国电解氢的价格范围为每千克氢气 4~6 美元(约 25.92~38.9 元)②。相比于热重组技术获取氢,电解氢的成本高出不少。这也导致了美国 95%的氢使用热重组技术生产。想要实现低成本和低碳的氢能电力,仍需要进行研究来降低成本,并提高电解槽的转换效率和耐用性。高温电解槽可以利用诸如核能或集中式太阳能发电厂等发电来源的电和热来提高转换效率,从而进一步降低生产氢气的成本。

根据全球普氏能源资讯评估,日本电解氢的成本约为 2.7 美元/千克(约 17.6 元/千克)③。日本目前有 2 家制氢工厂,但是制氢所需电力还是采用普通的工业用电,原料以石油天然气为主。因福岛核电站事件,核电在日本发展受阻;发电多数依赖传统化石燃料且日本可再生能源发电成本较高。采用新能源电解水制氢将失去经济效益,使用传统能源电力制氢在环保效应上则失去了优势。这些都限制了日本在电解水领域的发展。

2.4 美国和日本氢能发展机制比较

美国与日本虽然在行政与市场环境方面都非常得类似。但在氢能的发展机制以及执行方面有着非常大的区别。美国的特点是利用市场的自由竞争来

---

① 参考 Market Business Insider,大宗商品天然气追踪指数,https://markets.businessinsider.com/commodities/natural-gas-price.

② Vickers J, Peterson D. Cost of electrolytic hydrogen production with existing technology [R]. Working Paper,2020.

③ Edwardes-Evans H. Green hydrogen costs need to fall over 50% to be viable:S&P Global Ratings [N]. S&P Global Platts,2020 − 11 − 20.

扩大氢能的商业优势,例如降低成本以及提高技术成熟度;而日本则是利用政府的补贴来扩张市场的需求。美国政府是设立一个平台让许多机构来自由竞争,发展氢能;而日本则是自上而下的管理方式,政府出资设立项目然后分配给各个机构来进行相关的研究。

2.4.1　市场在氢能发展中的作用

强劲的市场需求有利于刺激技术的发展。有了需求,许多企业就会涌入该领域发展,迭代更好的技术以及降低成本,让需求进一步扩张。美国在氢气方面有着相比于其他国家而言较大的需求,且本身能够生产价格低廉的天然气。而日本则是利用政府补贴来扩张市场的需求。

市场在美国的战略中扮演着极其重要的角色。美国的战略中明确指出了每个时间段的具体目标,例如成本控制、加氢站建设数量、投资的额度等等。这些都需要市场的积极参与才能实现。美国的方法是降低成本,通过降低企业进入该领域的门槛来扩张氢能的市场。可以说市场在美国发展氢能方面扮演着很重要的角色。

日本政府为促进氢能源的普及,对每位购买燃料电池车的消费者提供补贴。就2016年的市场情况来看,丰田的Mirai车售价670万日元/辆,补贴202万日元/辆;本田Clarity Fuel Cell车售价709万日元/辆,补贴208万日元/辆。在销量和加氢站建设方面,2020年日本全国的燃料电池汽车为797辆。日本的目标是未来氢燃料电池汽车在2030年达到80万辆。日本通过补贴的手段来降低民众购买燃料电池车的成本,进一步扩大了市场的需求。短期来看,能够迅速扩张市场,但随着市场的成熟,长期来看还是需要降低成本以及提高技术研发以实现可持续发展。

2.4.2　政府在氢能发展中的作用

每个国家在发布了政策以后,执行的方式以及审核的力度、方式都不同。美国采取的方法是通过立项来让企业或是大学相互竞争,形成开放式的合作关系;日本方面则是形成了一个由上到下的金字塔形式的管理方式。美国政府在氢能发展中的作用可以概括为"大平台、促竞争"。

美国能源部成立了各种竞争机制来分派研究项目。每个人或单位可以通过该机制选择项目。美国能源部使用合作研究与发展协议(CRADA)鼓励私营部门与国家实验室之间形成合作关系,以联合开发各种相关技术。美国能源部为了推进氢能源产业,专门成立了 H₂@ Scale 组织。它旨在探索美国大规模氢气生产和利用的潜力,以增强发电和输电行业的弹性,同时使美国的氢能源产业保持竞争力与创新。美国能源部也成立基于绩效的审查流程,使用竞争性的相关流程来吸引行业、学术界和国家实验室的各种相关者来参与项目。美国能源部设立了许多的部门以确保相关科研的进展与研发。燃料电池技术办公室(Fuel Cell Technologies Office,FCTO)致力于应用研究、开发和创新,促进氢和燃料电池的运输和多样化应用,在新兴技术领域为美国能源独立、安全做出贡献,以提高美国经济竞争力和科学创新能力。此外,根据能源政策法案,美国能源部还下设了氢燃料电池技术咨询委员会(Hydrogen and Fuel Cell Technical Advisory,HTAC),就氢能研究、开发和示范项目的有关事宜向能源部长提供咨询和建议。HTAC 是由来自国内工业界、学术界、专业协会、政府机构、金融组织和环保团体的代表组成。

美国政府主要是打造一个平台(成立政府机构),出钱开项目,让各个机构、大学或是企业来进行研发,而审查制度则是根据绩效。美国希望通过竞争来推动氢能相关方面的发展。美国能源部也设立各个部门来推动技术的研发,也有来自行业内的人士组成咨询委员会,为美国氢能发展提供建议。

日本政府在氢能发展中的作用可以概括为"顶层规划、协调推动"。日本氢能源相关政策的出台机构,主要由经济产业省资源能源厅、新能源产业技术综合开发机构、内阁府能源环境会议、民间机构四部分构成。

(1)经济产业省进行氢能战略的顶层设计、具体管理、监督和指导。

(2)新能源产业技术综合开发机构接受来自国家(经济产业省)的财政预算与指导,通过官产学研合作展开氢能源技术的项目开发,制定技术战略,向国家提言献策,为国家层面的能源技术与普及的战略决策提供指导。

(3)内阁府能源环境会议制定适应日本防止地球温暖化对策的能源政策与短中长期革新性能源环境战略,以扭转能源系统的歪曲性、脆弱性。

(4)民间机构包括日本能源经济研究所(IEE)、环境能源政策研究所(ISEP)、新能源财团、自然能源协议会等民间机构,活动内容主要涉及对现有能源政策的重新审视,研究今后能源政策转换的战略与具体对策,进而向国家建言献策。

在国家战略指导的基础上,形成了由内阁会议总体监督指导到日本经济产业省、文部科学省、环境省协同管理负责的氢燃料电池战略委员会,并成立日本新能源与产业技术开发组织,专门协调政府、学界和工业企业对新能源产业的开发与推动,有针对性地负责日本氢能产业的发展(见图22)。

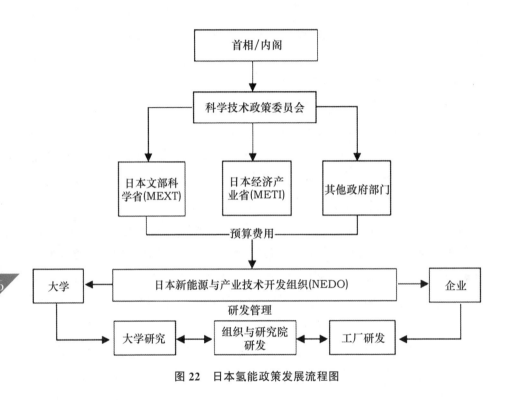

图22　日本氢能政策发展流程图

2.5　重要启示

美国和日本在世界范围内是氢能发展的领头羊。通过对美国和日本的战略规划和发展机制的梳理,我们有如下的建议,希望能更好地推动中国氢能产业的发展壮大。

2.5.1　注重技术的开发,争取更大的话语权

从灯泡到沙发,从窗户到路由器,几乎每一种产品都须符合全球体系标准规范,这样才能保证产品质量和平稳运行。一个国家在制定全球标准时话语权越大,就越能够制定对自己有利的标准。这会导致相关产业可以为本国带来更

多的经济与技术利益。在过去的科技发展当中,国际技术标准的制定主要由西方国家牢牢把控。但如今随着中国的崛起,中国正在对西方国家主导的标准制定形成挑战。

氢能源是个新兴能源,暂时没有一个国家在此领域领跑,许多国家还在研发与探讨商业化的可能性。美国希望在氢产业链相关技术上取得众多突破,并申请专利。这样一来,在制定氢产业链相关标准时,美国能够具有更大的话语权。若中国想要在未来制定标准时有一定的话语权,则拥有强大的技术是先决条件。

氢能是个新兴的能源,许多国家之间的差距仍然不大。美国着重发展技术是希望在制定标准时有更大的话语权;而日本则是希望输出技术以换取能源(氢能)。可见技术可以带来的价值对于一个国家来说是巨大的。中国也应该开始重视技术的发展,这样未来在制定相关技术标准时能够将自身的利益最大化。

计算机起源于美国,为美国创造了大量的财富。如今世界市值前十大公司有许多从事相关产业。技术不止带来了财富,在国家谈判时也能成为筹码,甚至是限制别人发展的手段。美国利用其半导体技术优势以及标准上的利益都在近期阻挠着中国在该领域的布局。未来随着世界能源结构的转型,氢能也将占据一席之地。掌握大部分技术有利于中国持续扩大影响力以及掌握更大的话语权。

2.5.2 加强国际合作

氢能如今主要由热重组技术提取。当中,天然气是最主要的燃料。日本在资源上有着天然的优势。因此,日本加强国际合作,提供技术而其他国家提供天然气,双方一起研究发展氢能技术。

中国可以效仿日本拓展国际合作。根据 WorldMeter 的数据,中国天然气储量仅占世界的 5.4%[①]。天然气主要集中在俄罗斯与中东一带,中国可以利用技术上的优势与这些国家展开合作,换取天然气资源来生产氢能。

加强国际合作除了能获取中国所没有的天然气资源之外,也能进一步拓展

---

① 参考 WorldMeter 数据库(各国天然气储量),https://www.worldometers.info/gas-consumption-by-country/.

中国的国际影响力。随着中国的高速发展，中国的科研实力以及科技实力也持续提升。而大部分国家仍然处于发展中或是未开发的阶段，中国给予其技术上的帮助能够增加国际影响力。

随着世界对于低碳发展的坚持（如2021年9月22日国家主席习近平在联合国大会一般性辩论上宣布，中国将不再新建境外煤电项目），各国对于新能源的需求只增不减。而这些国家都极度缺乏相关技术的掌握，中国可以透过技术交换来换取该国所拥有的天然气等资源。

2.5.3　利用资本和商业化来发展氢能

一个行业要发展得很好，不能单单只靠政府的单方面补贴，也需要企业的参与来推动商业化。美国在技术商业化上可以说是做得很成功的典范。美国希望投资相关设备的研发使得制造氢的成本能够降下来，最终与传统能源达成相等的成本。这样一来，就可以带动氢经济的发展。补贴不能帮助氢经济实现长期的蓬勃发展。唯有解决当下的技术与成本难题，氢经济才能成为强而有力的能源选择。

电动车亦是走了早期依靠政府补贴，如今依靠诸多企业入局而蓬勃发展的历程。如今电动车正处于快速发展的阶段，销量也是快速增长（见图23）。电动车的红利导致多家企业纷纷入局。而电动车蓬勃发展的背后少不了资本以及商业化的推动。

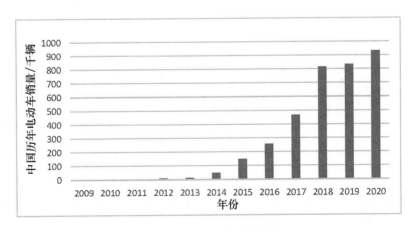

图23　中国历年电动车销量

（资料来源：Statista 数据库）

氢能如今正处于萌芽阶段。政府的补贴支持少不了,但一味依靠政府补贴是不切实际的。需要中后期依靠商业化资本的力量来加持,使其走向大众。美国氢能商业化走在世界的前沿。政府的支持力度相对于日本小了很多,补贴也少了,但这不妨碍美国氢能产业的发展以及商业化。商业化亦是一个产业持续发展的动力来源。在这方面,中国需要学习美国利用资本商业化发展氢能产业链。

2.5.4　保障能源安全

日本国内资源匮乏,在能源资源方面跟中国类似。氢能源对于日本来说是保障能源安全的手段。日本的能源结构高度倚重石油和天然气,二者占能源消费的比重高达 2/3,因为国内能源资源比较匮乏,95%以上的石油和天然气都需要进口[①];中国 2020 年原油进口量为 54238.6 万吨,进口比例超过 70%以上[②],天然气的进口比例为 40%[③]。

随着国际局势以及能源地缘政治局势的日趋复杂,再加上国际能源市场价格的大起大落,都会给能源进口国带来能源安全的威胁甚至是经济上的冲击。对此,日本的方案是迫切需要在当前能源消费格局中开辟新的"阵地",寻找能源安全的缓冲区和减压阀,优化能源进口格局和渠道,摆脱其对于石油和天然气的依赖,实现能源的保障。而发展氢能是这个宏观战略的一部分。在保障能源安全方面,中国的情况与日本高度相似。发展氢能对于中国来说除了能够摆脱对于传统能源的高度依赖外,亦能使中国往低碳能源结构转型。

2.5.5　危机时的能源储备供应

日本是地震、海啸、台风等自然灾害多发的地区,能源供应中断情况经常发生,氢燃料电池汽车、家用氢燃料电池热电联供组件等设备在充满氢气或其他燃料的情况下,可维持一个家庭 1～2 天的正常能源供应。氢因为其储能的优势,未来会成为日本民间应对自然灾害的主要能源获取手段。这也是日本积极推动氢能走向民间的重要原因。

虽然中国的天灾,如地震、台风等没有日本发生得频密,但日本将氢能作为

---

①　国家能源局.日本石油天然气政策介绍[N].国家能源局,2006－03－04.

②　刘叶琳.原油进口价格震荡修复[N].国际商报,2021－01－27.

③　中国原油对外依存度近 70% 天然气超过 40%[N].中国石油新闻中心,2020－05－25.

天灾发生时的能源获取手段值得中国借鉴学习。2021 年 7 月,中国河南省郑州市遭遇罕见特大暴雨,多个城市出现内涝。时任郑州市市长侯红在 8 月 2 日下午河南省政府新闻办公室召开的新闻发布会上公布郑州市遇难 292 人,失踪 47 人。

除了人员伤亡以及经济上的损失,该水灾也导致郑州市内部分医院停电。郑州大学第一附属医院在 7 月 21 日凌晨停电,急缺供电设备,需要郑州地区调配发电设备。根据媒体《财新》的报道,21 日上午 7 点,该医院供电仍未恢复。该院停电后电梯全部停运,备用电源也无法使用导致需要协调约 600 名重症病人向外转移。河南省妇幼保健院等其他一些医院,以及一些居民区也在 21 日凌晨遭遇停电。

医院许多设备都需要电力 24 小时的供应。如果发生停电,不仅妨碍医院各科室、各部门的日常运行,对正在使用治疗设备的病患也会造成重大影响。试想,在一台手术中,就算治疗设备只停电 1 分钟,也是"性命攸关"的大事。也有的病患需要依赖如呼吸机来维持生命的运转。可见对于医院来说,确保能源供应是重要的任务。

氢作为储能的一种形式,具有燃烧热值高的特点。其燃烧释放的能量是汽油的 3 倍,酒精的 3.9 倍,焦炭的 4.5 倍,适合成为医院等重要设施的应急能源来源。高压气态储氢是最常用的氢气储存方式,也是最成熟的储氢技术,氢气被压缩后在钢瓶里以气体形式储存。在紧急时刻,例如水灾时,因能源供应紧张,可以将氢气瓶运往医院等地方进行发电以缓解一时的紧张。

分报告（二）：
电池回收：电动汽车产业的滑铁卢？

　　新能源汽车产业如今正迎来"井喷式"发展。根据中国汽车工业协会发布的数据，2021 年我国新能源汽车销量达到 352 万辆，同比增长 1.6 倍。里程焦虑、安全性不足和成本过高这些扼制电动汽车发展的瓶颈，成为历史。那么，电动汽车的发展是否会从此一马平川，成为未来低碳交通确定性的产业路线呢？我们认为，这样的态度过于乐观。电动汽车的发展，还面临着一个重大挑战：动力电池的回收利用。这主要是因为：动力电池如果不能专业化地回收，首先会造成环境污染，危害人体健康，给生态系统造成直接的破坏和影响；其次，动力电池中的重金属不能以循环利用的形式重新进入产业链，这些重金属材料将会面临枯竭的压力。因此，未来几年动力电池回收行业产业链的形成和商业模式的成熟，是影响电动汽车发展的决定性因素，也为众多创新创业型企业成长提供契机。

3.1 引言

新能源汽车产业如今正迎来"井喷式"发展。根据中国汽车工业协会发布的数据显示,2021 年我国新能源汽车销量达到 352 万辆,同比增长 1.6 倍,电动汽车因其性价比高、智能化和政策支持(例如不在限牌之列)的优势正成为购车者首选。

但回顾新能源汽车产业过去十年的发展历程,其成功并非一蹴而就,核心的痛点就在于动力电池。曾经的"电池自燃""续航不足""价格太贵"等问题引来消费者各种担忧和质疑的声音,一度要将电动汽车产业扼杀在摇篮里。但如今,经过新能源汽车厂商多年的研发投入和技术创新,这些曾经的敏感问题也迎刃而解,例如比亚迪的"刀片电池"一定程度上解决了锂电池的热失控问题,大幅降低了车辆自燃的危险,目前刀片电池已在市场上全面铺开。而国家在 2021 年底出台的《锂离子电池行业规范条件》中,进一步规范了动力电池的能量密度出厂标准:动力电池的三元锂电的单体能量密度≥210 瓦时/千克,其他能量型电池单体能量密度≥160 瓦时/千克。这也代表着单车的电池容量普遍可达到 60～80 千瓦(假设单车电池质量为 500 千克),从而新标欧洲循环测试(NEDC)续航里程达到 500～600 千米。目前国内续航最长的纯电动汽车为广汽埃安 2022 年 1 月发布的 Aion LX PLUS,其续航里程达到了惊人的 1008 千米。随着厂商的规模化生产和国家政策的持续补贴,电动汽车的价格从当初的 30 万左右下降到了如今的 10 万左右,从"奢玩"到"民用",新能源汽车已飞入寻常百姓家。

从这样的趋势上看,动力电池技术的发展已然克服了里程焦虑、安全性不足和成本过高等扼制电动汽车发展的瓶颈,促成了电动汽车产业的大发展。但是,电动汽车的发展是否会从此一马平川,成为未来低碳交通确定性的产业路线了呢?我们认为,这样的态度过于乐观。电动汽车的发展,还面临着一个重大挑战:动力电池的回收利用。能否解决这个挑战,将成为影响电动汽车未来发展的决定性因素。这主要是因为:首先,如果动力电池不能被专业化地回收,会造成环境污染,危害人体健康,给生态系统造成直接的破坏和影响;其次,动力电池中的重金属不能以循环利用的形式重新进入产业链,这些重金属材料将会面临枯竭的压力。因此,有效解决动力电池的专业回收问题才能使电动汽车满足可持续发展的方向。

本报告的关注点是:动力电池的回收之役,将会成为电动汽车未来发展最为关键的一场战役。这场战役会成为电动汽车发展的滑铁卢,还是会成为奠定胜局的中途岛?取决于未来几年动力电池回收行业产业链的形成和商业模式的成熟。这场战役也会成为众多创新创业型企业成长的契机。

为回答上述问题,本报告从以下几部分具体展开分析:首先,我们估算了动力电池回收产业未来的规模;其次,我们讨论了动力电池的专业化回收对于可持续发展的重要意义;再次,我们考察了国内动力电池回收产业的发展现状;然后,我们归纳了动力电池回收产业发展的主要障碍;接着,我们提出了促进动力电池回收产业发展的政策建议;最后,我们总结了国外动力电池回收产业现状。

3.2　动力电池回收产业规模

3.2.1　新能源汽车产业刮起锂电"东风"

随着"碳中和"政策驱动以及环保理念的加强,我国汽车产业的电动化趋势正进一步铺开,各大新能源汽车品牌也迎来百花齐放的新局面。根据新能源汽车国家监测平台统计,截至 2019 年 3 月,国家平台累计注册新能源整车企业达到了 635 家。根据第一电动网的统计,到 2021 年 12 月,国内注册的纯电动车型已达到 293 个。根据中国汽车工业协会发布的最新数据,2021 年中国新能源汽车销售 352.1 万辆,渗透率(在市场所有同类型产品中的比例)达到 13.4%,预计 2025 年中国新能源汽车总销量将达到 1319.2 辆,渗透率也有望突破 30%(见图 24)。

随着电动汽车渗透率的走高,动力锂电池的装机量也连年走高。根据高工产研锂电研究所(GGII)调研结果,2021 年中国动力锂电池出货量为 220 吉瓦时,相对 2020 年增长 150%,上升趋势强劲。2022 年预计将保持翻倍增长至 450 吉瓦时,如果按照 20% 的保守增长估计,2025 年出货量将达到 778 吉瓦时(见图 25)。

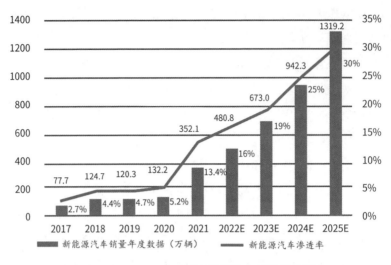

图 24　2017—2025 年中国新能源汽车销量及渗透率

（资料来源：中国汽车工业协会）

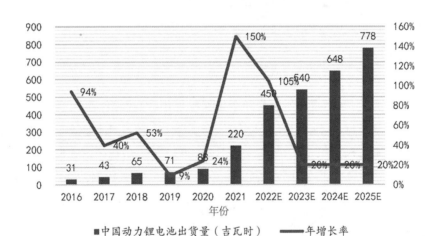

图 25　2016—2025 年中国动力锂电池出货量及增长趋势

（资料来源：高工产研锂电研究所（GGII））

3.2.2　动力电池退役潮带来全球千亿级市场

在电动汽车上装配的动力锂电池的使用寿命是有限的。中国电动汽车产业的真正发展是在 2016 年左右，当时电动汽车的主要用户是出租车和公交车，这些车辆的电池在 5 年左右会进入退役期。根据课题组的计算，2021 年我国汽车退役的电池约有 24.4 万吨,预计 2025 年将达到 70.4 万吨(见图 26)。而根据中信证券研究所的预测,2027 年全球锂电池回收行业市场规模将达到 1500 亿元,回收产业规模之大可见一斑。

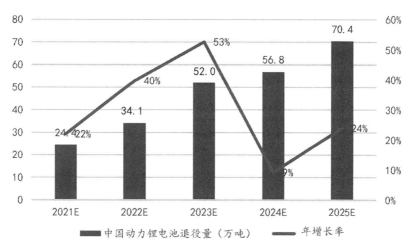

图 26 2021—2025 年中国动力锂电池退役预估量及增长趋势

(资料来源:课题组计算)

退役动力电池的处理,是业界长期关注的问题。其中,动力电池的梯次利用(即对新能源车退役动力电池进行必要的检验检测、分类、拆分、电池修复或重组为梯次产品,使其可应用至其他领域)一直是关注的热点。但是 2021 年 4 月 16 日,北京国轩福威斯光储充技术有限公司运营的 25 兆瓦时直流光储充一体化电站发生爆炸,退役动力电池转战储能领域受到更多质疑。这个储能项目是北京市中心最大规模的商业用户侧储能电站,也是北京市最大的光储充示范项目工程。在事故发生之后,中国电力科学研究院在发布的分析报告中,直指储能电池安全质量和电池管理系统这两大诱因。随后 6 月 22 日,国家能源局发布的《新型储能项目管理规范(暂行)(征求意见稿)》指出,在电池一致性管理技术取得关键突破、动力电池性能监测与评价体系健全前,原则上不得新建大型动力电池梯次利用储能项目。已建成投运的动力电池梯次利用储能项目应定期评估电池性能,加强监测、强化监管。2021 年 5 月 7 日,山东能源局在《关于组织申报储能示范项目的通知》中明确要求,"关键技术指标需满足相关要求,且不得使用梯次利用动力电池"。

工业和信息化部于 2021 年 9 月 6 日对《新能源汽车动力蓄电池梯次利用管理办法》(简称《管理办法》)作出解读。对于梯次利用企业,《管理办法》对其技术开发、管理制度建设、产品质量保证及溯源管理等环节作出明确规定,确保全过程可追溯。随着退役动力电车在储能这一领域的应用受限,梯次利用的技术开发和商业模式都面临着重大的挑战。

海量的退役电池一旦得不到规范处理和有效利用,会造成严重的社会问题:主要是环境污染和有价金属的资源浪费。而难以解决的社会问题的存在,往往是宝贵的商业机会的孕育之处。在本报告的第三部分,我们集中探讨电池如果不能有效回收和再利用,会从哪些维度给新能源汽车产业发展造成有威胁性的重大难题。

3.3 废旧电池带来的各种社会问题

3.3.1 从安全层面来看,废旧动力锂电池处置不当存在安全隐患

首先是触电隐患。新能源汽车的动力锂电池额定电压较高,人员在缺乏防护措施的情况下接触易造成触电事故。根据《电动车辆高压系统电压等级》(GB/T 31466—2015)的要求,电动汽车厂商对于高速电动车辆动力电池系统的额定电压等级设置,可选择 144V、288V、320V、346V、400V、576V 等。像市场热销车型特斯拉的额定电压就达到了 400V,而电压超过 65V 即会造成触电危险。

其次是燃爆隐患(见图 27)。电池在出现内部或外部短路的情况下,正负极会产生大电流导致高热,引起正负极燃烧。这是电池在储能领域被质疑的最重要的原因。例如前面提到的 2021 年 4 月在北京发生的储能电池爆炸火灾就是由于退役锂电池的短路问题,事故造成 1 人遇难、2 名消防员牺牲、1 名消防员受伤,火灾直接财产损失达 1660.81 万元。

再次是腐蚀隐患。电解液为有机易挥发性液体,与空气中水分反应产生白色有腐蚀性和刺激性的氟化氢烟雾。此外,废旧锂电池如果发生漏液,可能会直接被人体接触或吸入,造成化学腐蚀危害。

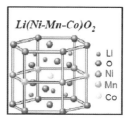

图 27　废旧电池产生社会问题（如环境污染、爆炸安全隐患、贵金属中毒）

（资料来源：网络公开信息）

3.3.2　从环境层面看，动力锂电池的不当处理威胁生态环境和人身健康

因其对生态环境的污染问题，废旧电池长久以来一直是人们口诛笔伐的对象，其中最广泛流传的就是如下这个言论："1 颗 20 克的手机充电电池，可以轻松污染掉 6000 立方米的水。如果掩埋到土地中，能够直接污染周边 1 平方千米的土地，且污染时效长达 50 年"。

因此，同样可充电，且体积和容量更大的动力电池的污染性也自然被各路媒体无限放大。我们必须澄清的是，这项环保实验中的"元凶"并非如今炙手可热的锂电池，而是早已淘汰多时的镍镉电池，此类电池过去多用于耗电量大的产品（如以前可替换的手机电板、无线电玩具遥控器、话筒等），电池表面通常带有 Ni-Cd 标志，它所带的重金属镉是致癌物质，但从 20 世纪 90 年代起，主流充电电池已经逐渐采用更绿色环保、能量密度更高的镍氢技术，目前市场上的可充电干电池基本是镍氢或者锂电池，很少出现镍镉电池了。

尽管动力锂电池不含生物毒性显著的铅、镉等重金属，但从技术工艺上来讲，除了锂之外，它的材料成分中仍然带有污染性较高的镍、钴、锰等金属以及电解液和含氟有机物（见图 28）。

目前市场上的动力锂电池中，三元锂电池含有大量的金属镍、钴和锰，普通动力锂电池的电解液也都含有六氟磷酸锂，这些成分虽然毒性不强，但过量渗漏或被人体吸入仍会造成一定的环境污染或健康危害（见表 23）。

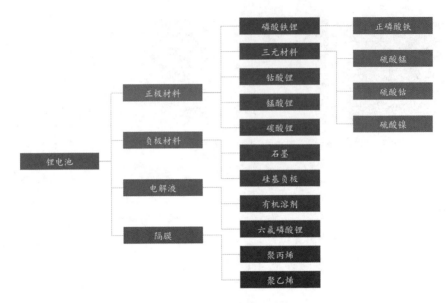

图 28 动力锂电池材料结构图

（资料来源：课题组整理）

（1）镍污染：环境污染方面，镍对水稻产生毒性的临界浓度是 20ppm，超过 20ppm 会提高农作物病死率；动物毒性方面，镍对家兔的致死量为 7～8 毫克/千克，同时镍及其化合物对人皮肤黏膜和呼吸道有刺激作用，可引起皮炎和气管炎，甚至引发肺炎。

（2）钴污染：环境污染方面，钴在土壤溶液中的浓度为 10 毫克/升时，可使农作物死亡；动物毒性方面，人每当摄入钴超过 500 毫克就会中毒，钴曾用作啤酒的起泡剂，对饮用大量啤酒的人曾造成钴中毒事件。

（3）锰污染：环境污染方面，空气中超过 500 微克/立方米可造成锰中毒。水中二价锰对人、畜和水生生物的毒性很小；动物毒性方面，当人体吸入量为 5～10 克时可致人死亡。

（4）六氟磷酸锂污染：遇水则水解生成氟化氢，空气中浓度超过 2 毫克/立方米可致人中毒，2018 年 12 月 20 日江苏省如皋市某化工厂内就发生过一起较大的氟化氢中毒事故，事故造成 3 人死亡。

表 23 动力锂电池各成分的有害影响汇总

组分	成分	有害影响
正极材料	铝箔	吸入粉尘会损害肺
	钴氧化物	吸入有害,充血、水肿和肺出血
	锰氧化物	损害肺部
	镍氧化物	皮肤癌变
负极材料	铜箔	粉尘会导致胃肠道疾病
	碳	刺激眼睛和黏膜
电解液	$LiPF_6$	强腐蚀性,水解产生有毒气体(HF、PF_5)
	$LiClO_4$	易燃,对眼睛、皮肤、呼吸道有刺激性
	$LiBF_4$	易燃,与酸接触释放有毒气体,有刺激性
	$LiAsF_6$	对眼睛、皮肤、肺部有侵蚀性,造成水体污染
溶剂	碳酸二甲酯(DMC)	蒸汽、烟雾刺激眼睛、黏膜和上呼吸道
	碳酸二乙酯(DEC)	吸入、皮肤接触及吞食有毒
	碳酸甲乙酯(EMC)	吸入后头痛、头昏、虚弱、呼吸困难等
	碳酸甲丙酯(MPC)	吸入、接触有毒,刺激皮肤和呼吸系统
	碳酸乙烯酯(EC)	严重损害眼睛
	碳酸丙烯酯(PC)	吸入有害,刺激皮肤、眼睛
黏结剂	聚偏二氟乙烯(PVDF)	燃烧或受热产生有毒气体氟化氢(HF)
	聚丙烯	燃烧产生刺激性烟雾

资料来源:焦芬,史柯,覃文庆等,《废旧镍钴锰电池回收工艺及污染控制概述》,2021年。

3.3.3 从资源层面看,动力锂电池的低效回收将加剧金属资源供不应求的现状

镍氢、锂离子动力锂电池因正极材料不同,分别含有锂、镍、钴、锰及稀土等金属,动力锂电池产业对于锂、镍、钴等资源需求旺盛。粗略计算,一辆特斯拉电动汽车需要50~70千克的碳酸锂;一辆三元电池汽车需要12~14千克的镍,而一辆丰田普锐斯混动汽车约需8.5千克的镍。随着新能源汽年产量的提升,全球每年消耗的金属原材料数量巨大。以下将从钴和镍的供需角度出发,讨论中国以及全球面临的金属资源紧缺问题。

首先，我国钴、镍储量少，主要依赖进口（见图29和图30）。

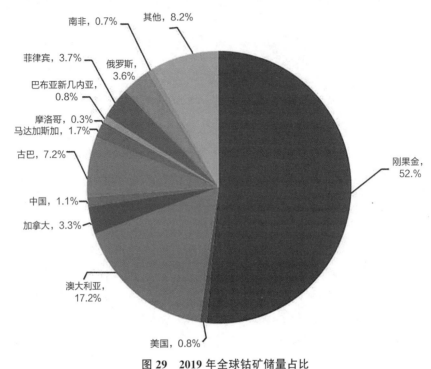

图29　2019年全球钴矿储量占比

（资料来源：USGS（美国地质调查局））

我国钴资源十分贫乏且分布较散，常年高度依赖进口。我国钴矿中含钴量仅有0.02%，探明的可开采量也仅有4万吨，储量约为8万吨，仅占全球储量的1%左右，因此我国的钴资源主要依赖进口。2000—2020年，我国钴矿（金属量）产量由90吨增长到2300吨，而钴消费量从3800吨增加到7.1万吨，资源缺口从3710吨扩大到6.87万吨，资源自给率低于5%。

从需求端的消费结构来看，动力电池驱动钴消费量的增长。2021年我国钴消费结构中，3C锂电池占比56%，动力电池占比31%，硬质合金占比4%，陶瓷占比3%，高温合金占比2%（见图31）。此外，从整体的钴消费量角度看，2021年中国钴消费总量约为20.9万吨，增速达95%，接近翻倍（见图32）。最近两年电动汽车全球的生产制造逆流而上，生生凿出了第三个钴的应用产业。

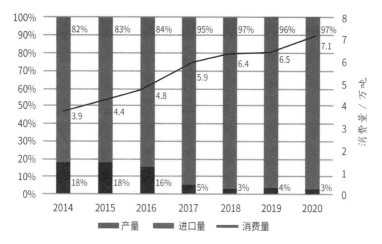

图 30　2014—2020 年中国钴消费量及进口依赖度比例

（资料来源：Cobalt Institute 钴业市场状况报告、中国海关）

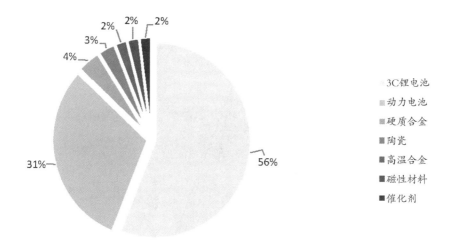

图 31　2021 年中国钴消费结构分布情况

（资料来源：《中国钴业》季刊数据）

　　跟电脑、手机这些小型锂电池不同，电动汽车所搭载的电池体积大。钴用于电动汽车的正极材料制造，以特斯拉为例，电池供应链研究机构 Benchmark 计算，Model S 每辆车上需要的钴为 11 千克，Model 3 所需钴的量约 4.5 千克。随着新能源汽车的普及，我国在动力电池领域上的钴消费量增长迅速，2021 年消费约 2 万吨，同比增长 95.3%。随着新能源汽车的加速渗透以及电池产能的

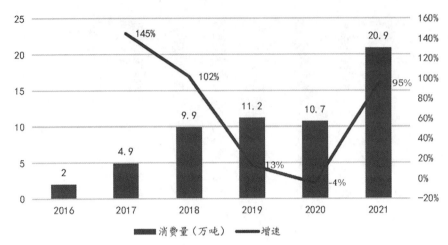

图32　2016—2021我国钴在动力电池领域的消费量及增速

（资料来源：课题组计算）

扩产，钴价曾在2018年上涨到70万/吨（见图33），市场可谓"一钴难求"。

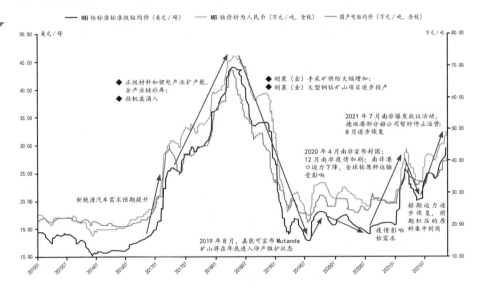

图33　钴的价格波动

（资料来源：华泰证券研究所、Wind）

在供给有限、需求迅速增长的情况下，钴的可使用时间预计不超过20年。EV-Volumes的数据显示，2021年全球新能源车型累计销量近650万辆，较去年同期增长 108%。根据《中国新能源汽车行业发展白皮书(2021 年)》预测,到 2025 年全球新能源汽车当年销量是 1640 万辆,整体渗透率将超过 20%。据市场公开资料得知,目前市面上钴粉和三元电池容量的比例约为 200 吨/吉瓦时,同时假设 A00、A0、A 和 B 级电动车的三元电池容量分别为 20 千瓦时、40 千瓦时、60 千瓦时和 80 千瓦时,那么其钴粉的用量即为 4 千克、8 千克、12 千克和 16 千克。

根据中国汽车工业协会公布的 2018—2021 年纯电动汽车销售数据(不考虑插电混动),各车型累计销量占总销量的比值分别为 34%、15%、31%、21% 和 2%(见表 24)。通过加权平均法计算得出制造一辆搭载三元动力锂电池的汽车所需钴粉质量约为 10 千克(见表 25)。

表 24 2018—2021 年纯电动车不同车型销售占比

占比结构分析		销售占比				累计综合占比
		2018 年	2019 年	2020 年	2021 年	
纯电动	A00	47.9%	27.3%	31.9%	33%	34%
	A0	17.0%	14.7%	10.1%	14%	15%
	A	33.4%	54.2%	34.5%	23%	31%
	B	0.3%	2.7%	22.1%	28%	21%
	C	1.7%	1.1%	1.3%	1.7%	2%
纯电动合计		74.3%	80.2%	82.1%	82%	100%

资料来源:第一电动网、课题组的计算。

表 25 安装三元动力锂电池汽车的平均单车耗钴量

车型	A00	A0	A	B	C	加权平均
钴粉质量	4 千克	8 千克	12 千克	16 千克	20 千克	10 千克
销售占比	34%	15%	31%	21%	2%	

资料来源:第一电动网、课题组的计算。

假设 2025 年全球售出的 1640 万辆新能源汽车中有 50% 的汽车搭载三元电池,那么每年用钴量将达到 8.2 万吨。据此计算,在全球有 668 万吨的钴储量(据中国地质调查局全球矿产资源战略研究中心发布的《全球锂、钴、镍、锡、钾盐矿产资源储量评估报告(2021)》),新能源汽车渗透率仅保持20%的情况下,从2025年开始每年全球就会消耗掉1.2%的钴资源。但实际上,新能源汽车的发展速度不会是等比例的,对钴资源的需求在持续快速增长。按中国2020年民用汽车保有量2.8亿辆计算,如果到2035年已实现100%新能源渗透率,即实现汽车全面电动化,同时假设一半的新能源车采用三元锂电池(即1.4亿辆车),那么2035年仅中国电动汽车当年的钴需求量就需要140万吨,此外,叠加3C电子消费回暖,届时全球668万吨的钴储量使用时间可能不足5年。

其次,镍资源的供需矛盾也非常突出。

从供给端看,根据USGS(美国地质调查局)数据,2019年全球镍的储量为8900万吨,按目前开采量,可开采年限约37年。中国的镍储量为280万吨,占全球储量的3.1%(见图34)。中国近90%镍原材料依赖进口,属于镍资源较为欠缺的国家,《全国矿产资源规划(2016—2020年)》将24种矿产列入战略性矿产目录,镍就是其中之一。

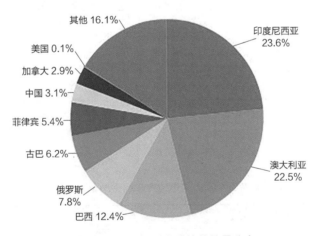

图34 2019年全球镍的储量分布

(资料来源:USGS(美国地质调查局))

从需求端看,在全球(见图35)和中国(见图36)的镍消费结构中,不锈钢是镍的最大下游,在全球及中国镍的消费占比分别达到68%和80%;合金及铸造是全球镍的第二大下游,消费占比为18%,但在我国仅4%。目前电池日益受到关注,包括镍氢、镍镉电池、动力锂离子电池在内,电池在全球及中国镍的消费占比分别为 7% 和 8%。

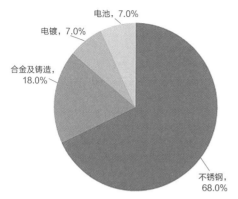

图 35 2019 年全球镍的消费结构

（资料来源：世界镍研究组织（INSG））

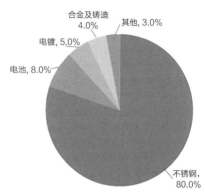

图 36 2019 年中国镍的消费结构

（资料来源：世界镍研究组织（INSG））

随着新能源汽车电池技术的发展,三元电池中镍、钴、锰的比例从 6∶2∶2 逐步转变为 8∶1∶1。预计到 2025 年,电动汽车对镍的需求可能会升至约 90 万吨（全球占比约 25%）。2020 年全球用镍 248 万吨,根据 USGS 统计,2020 年全球探明镍基础储量约 9400 万吨,按目前消费量,可开采年限约为 37 年。到 2050 年,镍年度消费量将从当前的 250 万吨增至 920 万吨。照此计算,全球 9400 万吨镍储量,届时仅大概够用 10 年时间。

从发展的趋势上看,钴和镍的供需矛盾会越来越突出。不可避免地造成的一个结果是钴和镍的价格会不断上升,通过产业链层层传导,新能源汽车的价格也会水涨船高,给刚刚兴起的新能源汽车市场造成严重威胁。

发展废旧电池拆解回收产业将是解决资源端问题的关键。锂、镍、钴在矿石中的含量品位非常低,像红土镍中的镍只有 0.5%,氧化钴矿中的钴只有 0.2% 的含量,卤水中的锂只有 0.02%,而废旧三元动力电池中的镍、钴、锰三者总量达 20%,废旧锂电池中含有 3% 的锂,废旧镍氢动力电池中含有镍钴总量 40%、稀土 6% 左右,废旧电池中的有价金属品位是原矿的 40～100 倍。另外,国家在政策端也在不断提升金属的提纯品类（见表 26）,促进废旧动力电池中贵金属的高效回收。

表 26　国家对动力电池中贵金属回收的具体要求

时间	政策	锂	钴	镍	锰	稀土	其他主要有价金属	其他物质
2016 年	《电动汽车动力蓄电池回收利用技术政策（2015 年版）》	—	98%	98%（湿法）；97%（火法）	98%	97%	—	—
2018 年	《车用动力电池回收利用材料回收要求》（征求意见稿）	85%	98%	98%	98%	95%	95%	—
2019 年	《新能源汽车废旧动力蓄电池综合利用行业规范条件（2019 年本）》	85%	98%	98%	98%	97%	97%	材料回收率：90%；工艺废水循环利用率：90%

资料来源：课题组整理。

3.4　国内动力电池回收产业发展的现状

3.4.1　不断完善国家政策和行业标准，积极推动动力锂电池回收产业

为规范新能源汽车动力电池回收管理，促进行业健康发展，国家从 2012 年开始陆续出台了多项动力电池回收相关政策。经过十年的发展，动力电池回收体系正逐步规范完善，尤其是近年来随着新能源汽车产业的成熟，国家多次发布动力电池回收的相关政策和管理规范，明确电池的回收路径、各环节的主体责任、溯源管理平台的搭建等等。

从近十年国家发布的政策脉络来看（见表 27），我国动力电池回收利用政策的发展历程大致可分为三个阶段：

第一阶段萌芽期，2012—2015 年，在此阶段中，国家开始起草新能源汽车

整体政策的部分条款,动力电池回收利用只是作为推广应用新能源汽车的政策文件中的部分条款出现。

第二阶段起步期,2016—2018年,在此阶段中,国家发改委、工信部和环保部等相关部门开始陆续出台专门针对动力电池回收利用的相关政策。

第三阶段发展期,2018—2020年,在此阶段中,国家相关主管部门陆续出台新能源汽车动力电池回收利用试点方案,并且政策出台的速度明显加快。

第四阶段成熟期,2020年至今,在此阶段中,国家工信部等部门逐步细化动力电池回收利用的准入条件和行业标准,引导新能源汽车动力电池产业体系建设,鼓励产业上下游之间的协同合作。

从过去十年的政策方针可以看出,国家在法规、产业、技术、标准等领域,正在全面促进动力电池的回收利用,旨在推动行业向规范化、标准化、规模化发展。尤其是2020年以来,利好政策密集发布,2021年"加快建设动力电池回收利用体系"首次被写入《政府工作报告》,发改委印发《"十四五"循环经济发展规划》,动力电池回收行动是11个重点工程之一。随着政府对动力电池回收产业的高度关注,动力电池回收体系建设将被按下"加速键"。

表27 中国电池回收产业的政策汇总

发展阶段	时间	战策	发布机构	主要内容
第一阶段萌芽期	2012年6月	《节能与新能源汽车产业发展规划(2012—2020年)》	国务院	建立动力电池梯次利用和回收管理体系,明确各相关方的责任、权利和义务,引导企业加强对废旧电池的回收利用
	2014年7月	《关于加快新能源汽车推广应用的指导意见》	国务院	探索利用基金、押金、强制回收等方式促进废旧动力电池回收,建立健全废旧动力电池回收利用体系
	2015年4月	《关于2016—2020年新能源汽车推广应用财政支持政策的通知》	财政部	汽车生产企业及动力电池生产企业应承担动力电池回收利用的主体责任

发展阶段	时间	战策	发布机构	主要内容
第二阶段起步期	2016 年 1 月	《电动汽车动力蓄电池回收利用技术政策(2015 年版)》	国务院	落实生产者责任延伸制度,明确相关责任主体。提出湿法冶炼条件下,镍、钴、锰的综合回收率应不低于97%
	2016 年 12 月	《生产者责任延伸制度推行方案》	国务院	电动汽车及动力电池生产企业应负责建立废旧电池回收网络。动力电池生产企业应实行产品编码,建立全生命周期追潮系统
	2017 年 1 月	《新能源汽车生产企业及产品准入管理规定》	工信部	实施新能源汽车动力电池溯源信息管理,跟踪记录动力电池回收利用情况
	2018 年 2 月	《新能源汽车动力蓄电池回收利用管理暂行办法》	工信部等部委	落实生产者责任延伸制度,明确汽车生产企业承担动力蓄电池回收的主体责任。对动力电池设计、生产、回收及综合利用提出要求
第三阶段发展期	2018 年 3 月	《新能源汽车动力蓄电池回收利用试点实施方案》	工信部等七部委	探索技术经济性强、资源环境友好的多元化废旧动力蓄电池回收利用模式,推动回收利用体系建设
	2018 年 7 月	《新能源汽车动力蓄电池回收利用溯源管理暂行规定》	工信部等部委	建设动力电池溯源管理平台,对动力电池生产、销售、使用、报废、回收、利用等全过程进行信息采集,对各环节主体履行回收利用责任情况实施监测

发展阶段	时间	战策	发布机构	主要内容
第三阶段 发展期	2018 年 7 月	《关于做好新能源汽车动力蓄电池回收利用试点工作的通知》	工信部等七部委	确定京津冀、上海、江苏、浙江、湖南、四川等 20 个省市及中国铁塔公司为试点地区和企业，动力电池回收项目推广开始
	2019 年 11 月	《新能源汽车动力蓄电池回收服务网点建设和运营指南》	工信部	提出收集型（短期）和集中贮存型（长期）回收服务网点，对建设、作业、安全环保要求进行指导。新能源汽车生产、动力蓄电池生产、报废机动车回收拆解、综合利用等企业可共建、共用回收服务网点
第四阶段 成熟期	2020 年 1 月	《新能源汽车废旧动力蓄电池综合利用行业规范条件（2019 年本）》	工信部	对企业布局与项目选址、技术装备和工艺、资源综合利用及能耗、环境保护要求、产品质量和职业教育以及安全生产、人身健康和社会责任等提出了明确要求
	2020 年 3 月	《2020 年工业节能与综合利用工作要点》	工信部	指出将推动新能源汽车动力蓄电池回收利用体系建设，深入开展试点工作，加快探索推广技术经济性强、环境友好的回收利用市场化模式

发展阶段	时间	战策	发布机构	主要内容
第四阶段 成熟期	2021 年 8 月	《新能源汽车动力蓄电池梯次利用管理办法》	工信部等五部委	鼓励梯次利用企业与新能源汽车生产、动力蓄电池生产及报废机动车回收拆解等企业协议合作,加强信息共享,利用已回收渠道,高效回收废旧动力蓄电池用于梯次利用。鼓励动力蓄电池生产企业参与废旧动力蓄电池回收及梯次利用

资料来源:课题组整理。

3.4.2 电池相关领域参与者大量涌入,产业链上下游生态逐步构建完善

随着动力锂电池退役潮来袭,电池相关领域公司开始积极布局锂电回收产业进场淘金。根据工信部公布的符合《新能源汽车废旧动力蓄电池综合利用行业规范条件》的企业名单(见图 37),合计三批白名单共包含企业 47 家,其中 21 家企业拿到了"再生利用"准入牌照,22 家企业拿到了"梯次利用"准入牌照,另外 4 家企业拿到了"再生利用"和"梯次利用"的双牌照。按企业类型分,参与公司主要分为 4 类①电池企业,如宁德时代、国轩高科、蜂巢能源等;②新能源材料企业,如华友钴业、赣锋锂业、中伟股份、厦门钨业等;③整车企业,如比亚迪、北汽蓝谷、宇通集团等;④第三方回收利用企业,如天奇股份、格林美、光华科技、道氏技术等。

随着大量企业涌入,动力电池回收产业链生态也在同步完善和清晰,产业链上下游形成三段式结构(见图 38):上游回收—中游处理—下游利用。

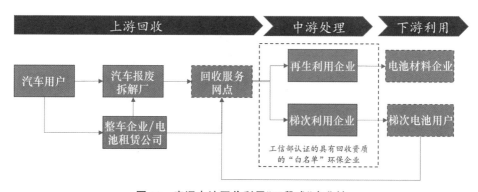

再生利用（21）	梯次利用（22）	再生利用/梯次利用（4）
邦普循环（宁德时代） **天能新材料（天能股份）**	**国轩高科** **蜂巢能源** 银隆新能源（格力钛新能源） **天能新材料（天能股份）** 江苏欧力特 巡鹰新能源 朗达锂电池 迪度新能源	华友再生（华友钴业）
华友钴新材料（华友钴业） **赣锋循环（赣锋锂业）** **中伟资源循环（中伟股份）** **厦门钨业**		**赣州豪鹏（厦门钨业）** 新时代中能循环 派尔森环保科技
金泰阁（天奇股份） 荆门格林美（格林美） **光华科技** 佳纳能源（道氏技术） 中化锂电（中化集团） 天津赛德美 湖南金源新材 江门恒创睿能 南通北新新能源 池州西恩新材料 福建常青新能源 江西睿达新能源 湖南凯地众能 金驰能源材料 湖南金凯循环	中天鸿锂清源（天赐材料） 赣州豪鹏（厦门钨业） 无锡格林美（格林美） 武汉格林美（格林美） 珠海中力新能源（光华科技） 长虹润天能源（四川长虹） 安徽绿沃循环能源 乾泰技术 惠州恒创睿能 杭州安影科技 长沙矿冶研究院	
	蓝谷智慧（北汽蓝谷） 利威新能源（宇通集团） **比亚迪**	

图 37　综合利用行业企业白名单

（资料来源：东吴证券研究所）

图例：电池企业／新能源材料／第三方企业／整车

图 38　废旧电池回收利用"三段式"产业链

（资料来源：课题组整理）

3.4.2.1　上游回收以"责任驱动"为主导

2018年，工信部联合科技部、商务部、生态环境部等印发《新能源汽车动力蓄电池回收利用管理暂行办法》，要求落实生产者责任延伸制度，汽车生产企业承担动力蓄电池回收的主要责任。2019年,工信部制定《新能源汽车动力蓄电池回收服务网点建设和运营指南》,要求新能源汽车生产厂及梯次利用企业应按照国家要求通过自建、共建、授权等方式建设回收服务网点。因此,目前新能源汽车厂商、电池生产厂商、报废拆解厂商和综合利用回收企业正在积极合作,共建回收服务网点。

在回收过程中,整车企业经销网点回收是主要的回收方式,整车企业经销网点回收是指整车企业一般先向终端消费者回收汽车,再委托汽车拆解厂拆解后卖给第三方回收网点。同时车管所报废回收电动车或电池包也是一条回收路径,或者汽车拆解厂直接向终端消费者回收报废汽车,将电池拆解完成后再卖给回收网点。最后两者都会将电池统一转移到回收服务网点。因此,在上游环节主要通过整车企业主导、相关企业配合的模式,共同完成动力电池的回收(见图39)。

另外,现在采用"换电模式"或"租电模式"的车企无须走拆解流程,可直接将废旧电池卖给回收网点,这种模式的推广可以让更多标准化的电池上车,从而提高电池型号的一致性,加快电池的回收效率。

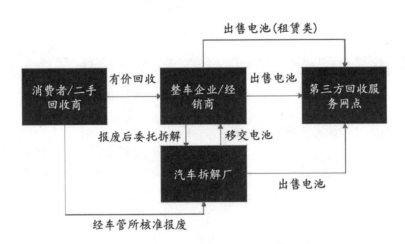

图39 废旧动力电池回收流程

(资料来源:课题组整理)

根据工信部网站公布的新能源汽车动力蓄电池回收服务网点信息,截至2022年3月,汽车生产企业以及第三方综合利用回收企业已在全国设置14967

个回收网点,其中大概可以分为三类,一类是汽车企业的官方回收渠道,一般为汽车经销 4S 店、汽车下属公司或者专业的拆车公司,品牌包括吉利、比亚迪、北汽等。第二类为电池生产类,品牌包括宁德时代下面的邦普、国轩高科、蜂巢能源等。第三类是具备《再生资源经营许可证》《危险品道路运输许可证》等各种资质的第三方新能源企业,品牌包括格林美等。根据长江证券研究所的数据统计,汽车生产企业类网点占据了 98%,第三方新能源企业占据 1.4%,电池生产类企业仅占 0.6%。

3.4.2.2 中游处理以"商业驱动"为主导

中游处理主要指综合利用上游回收服务网点收集的废旧电池,做进一步的加工处理,它是整个电池回收产业链中增值空间最大的环节。该环节通过政府设置的"白名单"准入机制引入专业的综合利用企业,以安全、环保、经济的方式提高退役电池的商业利用价值。处理的方式主要分为梯次利用和再生利用。具体来说,梯次利用是指保留动力电池产品的基本性状,利用其残存的循环使用电量性能,在其他行业或产品上重新上岗使用,充分挖掘其产品价值;再生利用是指拆解电池彻底破坏产品性状,通过不同的技术工艺提取出各种有价值的原材料,从而变废为宝。根据高工锂电研究院的预测,2022 年梯次利用和再生利用的电池将分别达到 13.6 万吨和 20.5 万吨。

梯次利用场景:我国对车用动力电池的标准是,行驶在 8 年或 12 万千米内,容量衰减不超过额定容量的 20%,因此退役电池仍具有近八成的循环使用电量,完全可以满足一些其他产品上的功能需求。但国家也有相关规定,根据《新能源汽车废旧动力蓄电池综合利用行业规范条件》,企业应根据废旧动力蓄电池的剩余容量、一致性、循环寿命等主要性能指标和安全性的实际情况,综合判断是否满足梯次利用安全、环保、性能及质量等要求,对符合要求的废旧动力蓄电池分类重组利用。目前,行业内公认可以梯次利用退役动力电池的行业,主要有低速电动汽车、通信基站、太阳能路灯、UPS 电源及其他小型储能领域。在退役电池中,磷酸铁锂电池循环次数较多,使用寿命更长,而贵金属含量不多,拆解回收无法产生太高的经济价值和资源规模化效益,因此较为适合梯次利用。

梯次利用一般包括电池组拆解获得单体、筛选检测(余能检测)、配对重组、系统集成等步骤,其中余能检测和配对重组是梯次利用工艺流程中较为关键的环节(见图 42),也是比较有技术含量的环节。由于动力电池电芯种类多,在退役后单只电芯参数个性化很强,剩余效能也有区别。2017 年工信部发布了《车用动力电池回收利用余能检测》国家标准,规范了退役动力电池的检测流程与方法。通过余能检测,企业检测动力电池的使用情况(主要指充放电情况),分析不同电芯的充放电电压和充放电效率,把可重组的电芯筛选出来,进行后续的配对。在配对重组环节,厂家需要利用电池管理系统(BMS)技术来解决多个电芯的一致性问题,使电池管理系统能够更好地应用这个“新”电池组的效能,并结合寿命预测技术保证其可以长时间稳定工作。目前梯次利用的难点主要是拆解成本高、检测流程复杂和系统集成难度高。首先,由于每家整车企业的电池系统设计均不相同,无法采用同一套拆解流水线,导致电池拆解时极为不便,自动化程度极低,成本高。其次,废旧动力电池在拆解进行梯次利用时,必须经过多道工艺流程,包括品质检测、安全性评估、循环寿命测试等,再将电芯分选分级、重组,流程复杂度高。最后,典型的集装箱储能系统架构方案需集成储能变流器 PCS、梯次电池组、主动均衡电池管理系统和电池柜,同时配备动力环境控制系统及消防系统,但如何能够在电池监测、预警和实时控制处理方面实现高效协同将是接下来急需攻克的难题。

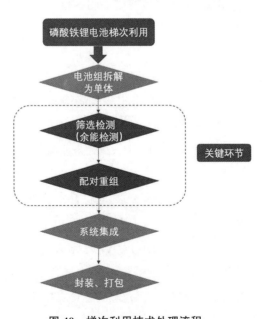

图 40　梯次利用技术处理流程

(资料来源:东莞证券研究所)

再生利用场景：当动力电池不满足梯次利用条件时，再生利用成为更加经济的选择。目前再生利用技术主要分为火法回收工艺和湿法回收工艺（见图41）。火法回收工艺是通过高温烘烧将电极片中的碳和有机物燃烧掉，对剩余部分通过热解、磁选等方法进行回收，最终筛选得到金属有价材料，它的特点是操作简单和方便高效，但会产生有害物质的排放。湿法回收工艺是通过选择合适的酸性或碱性介质将废旧电池正极材料中的金属离子浸出，再通过沉淀、有机物萃取、分离、提纯等方法，得到锂、钴、锰等有价金属，不会产生难以控制的污染物质，并且能够回收火法无法回收的锂元素。工信部发布的《新能源汽车废旧动力蓄电池综合利用行业规范条件》规定，再生利用企业对镍、钴、锰的综合回收率应不低于98%，锂的回收率不低于85%，稀土等其他主要有价金属的综合回收率不低于97%。采用材料修复工艺的，材料回收率应不低于90%。工艺废水循环利用率应达90%以上。

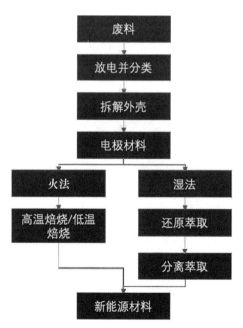

图41　再生利用回收流程

（资料来源：课题组整理）

湿法回收是当前动力电池回收行业的主流工艺技术。湿法回收技术相对成熟，一般分为酸浸法、碱浸法和生物浸出法，其回收得到的金属盐、氧化物等产品的纯度容易达到国家规定标准，能够达到生产动力电池材料的品质要求。目前格林美、邦普循环等国内领先的回收企业，以及 AEA、IME 等国际龙头企业，大多采用湿法技术路线作为锂、钴、镍等有价金属资源回收的主要技术，萃取形成湿法冶炼中间体，包括粗制硫酸镍、粗制硫酸钴等，对镍、钴、锰的回收率都能达到 98% 以上，但对锂金属的回收效率还较低，目前主流产业化技术的回收率仍停留在 85% 左右。但需要注意的是，酸、碱浸出法因采用酸碱溶液，容易对环境产生二次污染，而采用生物酶的生物浸出法在环保方面更加突出，具有较大的市场潜力。

在回收的废旧动力锂电池中，三元电池体现出了更高的经济性。根据黎华玲等人于 2018 年发表的《锂离子动力电池电极材料的回收模式及经济性分析》中的数据观察到，每吨湿法回收废旧电池，磷酸铁锂电池亏损 312 元，而三元材料因富含镍、钴、锰等贵金属元素可盈利 6355 元。在过去的几年里，回收磷酸铁锂动力电池的经济性一直很差。但随着近年来新能源汽车对三元锂电池需求的井喷，上游正极材料价格不断上涨，碳酸锂的价格从 2018 年第一季度的 15.4 万元/吨上涨至 2022 年第一季度的 43 万元/吨，同期镍从 9.2 万元/吨上涨至 20.5 万元/吨，锰的价格基本没有变化，而钴价仍在高位震荡，维持在每吨 50 万元~60 万元之间（见表 28）。

表 28　NCM523 电池金属结构以及历史价格变化

金属种类	镍	钴	锰	锂
主流 NCM523 三元锂电池（LiNi0.5Co0.2Mn0.3O2）正极金属含量占比	30.4%	12.2%	17.1%	7.2%
主流磷酸铁锂电池（LFP）正极金属含量占比	/	/	/	4.4%
2018 年第一季度均价/（万元/吨）	9.20（电解镍）	62.00（电解钴）	0.82（硅锰）	15.40（碳酸锂）
2022 年第一季度均价/（万元/吨）	20.50（电解镍）	51.60（电解钴）	0.82（硅锰）	43.00（碳酸锂）

资料来源：中国金属网、课题组整理。

而随着电池原材料市场的火热，三元材料回收的盈利空间也愈发乐观。根据东吴证券研究所的测算，2022年三元材料回收再利用项目每吨的毛利空间已上升至3万~4万（见表29），而之前普遍亏本回收的磷酸铁锂也开始盈利。

表29　动力电池回收再生项目盈利模型

NCM523 正极粉料 1 吨			
营业收入/万元	12.30	营业成本/万元	8.78
1.碳酸锂销售/万元	2.85	1.原材料采购成本	6.39
质量/吨	0.33	1.1 钴采购成本/万元	3.31
单位正极材料所含金属量/%	7.2	单位正极材料所含金属量/%	12
回收率/%	85	金属价格/（万元/吨）	36.15
单价/（万元/吨）	8.77	折扣系数	0.75
2.硫酸钴销售/万元	4.48	1.2 镍采购成本/万元	3.08
质量/吨	0.57	单位正极材料所含金属量/%	30
单位正极材料所含金属量/%	12.2	金属价格/（万元/吨）	13.52
回收率/%	98	折扣系数	0.75
单价/（万元/吨）	7.85	2.辅助材料成本	0.83
3.硫酸镍销售/万元	4.61	3.燃料动力成本	0.21
质量/吨	1.33	4.预处理成本	0.17
单位正极材料所含金属量/%	30.4	5.环境处理成本	0.15
回收率/%	98	6.人工成本	0.16
单价/（万元/吨）	3.46	7.运输成本	0.67
4.硫酸锰销售/万元	0.37	8.折旧与设备维护	0.21
质量/吨	0.51	毛利/万元	3.52
单位正极材料所含金属量/%	17.1		
回收率/%	0.98	毛利率/%	29
单价/（万元/吨）	0.71		

资料来源：东吴证券研究所。

就参与企业而言，白名单内拥有再生利用项目的公司分为三类，分别为电池企业(宁德时代)、新能源材料企业(华友钴业、赣锋锂业、中伟股份、厦门钨业)和第三方企业(天奇股份、格林美、光华科技等)，整车企业目前还未参与再生利用项目。通过梳理相关项目环评报告及产能规划以及东吴证券研究所的预测，我们发现这三类企业具有以下特点：一是第三方企业积极切入电池回收，再生产能快速扩张，整体产能规模从 2021 年的 58 万吨/年提升至 2026 年的 106 万吨/年，第三方企业积极规划、快速扩张；二是新能源材料企业相对保守，整体产能规模从 2021 年的 18 万吨/年提升至 2026 年的 27 万吨/年，新能源材料企业规模稳健提升；三是电池企业龙头早期介入、大幅扩产：宁德时代通过邦普循环早期布局电池回收再生赛道，成为再生利用白名单中唯一的电池企业，其他电池企业(国轩高科、蜂巢能源等)当前主要布局进入梯次利用白名单，邦普循环整体产能规模从 2021 年 12 万吨/年提升至 2026 年 42 万吨/年，实现项目快速扩张(见表 30 和图 42)。

表 30　白名单企业再生利用拆解回收量

2022E			2026E		
序号	公司名	产能/(万吨/年)	序号	公司名	产能/(万吨/年)
1	荆门格林美	32.0	1	邦普循环	42.0
2	邦普循环	12.0	2	荆门格林美	32.0
3	华友资源再生	10.4	3	天奇金泰阁	18.0
4	赣锋循环	8.7	4	湖南金源新材料	10.4
5	湖南金源新材料	5.4	5	华友资源再生	10.4
6	赣州豪鹏	5.0	6	赣锋循环	8.7
7	天奇金泰阁	5.0	7	光华科技	8.6
8	福建常青新能源	3.9	8	佳纳能源	7.3
9	光华科技	3.6	9	江门恒创睿能	7.0
10	江西睿达新能源	3.0	10	中伟资源循环	6.3
11	中伟资源循环	2.5	11	福建常青新能源	5.9
12	佳纳能源	2.3	12	赣州豪鹏	5.0

	2022E			2026E	
13	江门恒创睿能	2.0	13	新时代中能循环	4.0
14	新时代中能循环	1.5	14	江西睿达新能源	3.0
15	派尔森环保	1.5	15	派尔森环保	1.5
16	湖南金凯循环	1.2	16	湖南金凯循环	1.2
17	华友钴新材料	1.2	17	华友钴新材料	1.2
18	池州西恩新材料	0.6	18	池州西恩新材料	0.6
19	湖南凯地众能	0.6	19	湖南凯地众能	0.6
20	金驰能源材料	0.5	20	金驰能源材料	0.5
21	中化锂电	0.3	21	中化锂电	0.3
22	厦门钨业	0.1	22	厦门钨业	0.1

资料来源：东吴证券研究所。

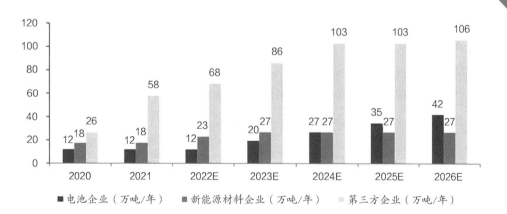

图 42　电池企业、新能源材料企业、第三方企业的产能规划

（资料来源：工信部、项目环评报告）

3.4.2.3　下游利用以"多元化综合应用"为核心

下游利用场景主要分为电池再生材料标准化产品和梯次利用的再生电池产品。电池原材料产品的下游客户主要为前驱体厂商或正极材料以及电池厂商,而梯次利用的电池产品客户为通信和低速电动车企业。储能虽然需求量很大,但是如前所述,在安全问题得到有效和彻底解决之前,大规模的储能利用存在政策上的限制。

电池再生材料产品逐步成为电池原材料的重要供给。

根据东吴证券研究所的预测,通过电池回收再利用的金属在金属市场中的重要性逐年提升。碳酸锂方面:预计 2022 年锂电回收再生产生的碳酸锂贡献全球碳酸锂需求和国内动力电池碳酸锂需求为 8% 和 34%,预计 2025 年再生金属贡献分别可提升至 9% 和 31%。金属镍方面:预计 2022 年锂电回收再生产生的金属镍贡献全球金属镍需求和国内动力电池金属镍需求分别为 1% 和 29%,预计 2025 年再生金属贡献分别可提升至 2% 和 32%。硫酸钴方面:预计 2022 年锂电回收再生产生的硫酸钴贡献全球硫酸钴需求和国内动力电池硫酸钴需求分别为 21% 和 51%,预计 2025 年再生金属贡献分别可提升至 22% 和 53%。

梯次利用电池下游市场前景广阔,但国家态度趋于谨慎。

根据 Circular Energy Storage 的预测数据,中国的梯次利用锂电池数据将从 2018 年的约 1 吉瓦时增长到 2025 年的约 12 吉瓦时(见图 43)。而通信基站备电储能领域,将是梯次利用电池最大的下游使用领域。据工信部发布的统计数据,截至 2022 年 1 月底,我国已累计建成 5G 基站超 142.5 万个。据公开资料披露,5G 基站单站功耗 2.7 千瓦左右,以应急时长 4 小时计算,单个 5G 宏基站备用电源需要 10.8 千瓦时。经测算,截至 2022 年 1 月,我国已建成 5G 基站带来的备用电源储能需求为 15.6 吉瓦时。另外,根据兴业证券预测,2021—2025 年累计建成 5G 基站将突破 800 万个,实现全国范围内 5G 网络全覆盖。根据上述数据测算,2025 年总体 5G 基站的累计的通信备用电源储能需求将达 86.4 吉瓦时。而根据课题组的测算,2021—2025 年将累计退役动力锂电池 236.8 万吨,即约 300 吉瓦时的电池容量(见表 31)。因此仅 5G 通信储能领域就可消耗约 30% 的梯次动力电池。

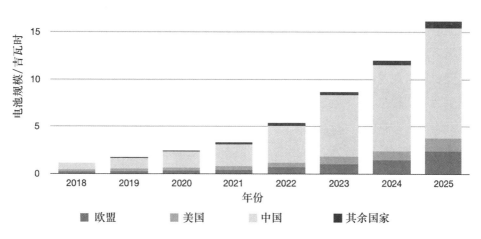

图 43　全球梯次利用锂电池规模趋势对比

（资料来源：Circular Energy Storage）

表 31　5G 基站备用电源储能需求测算

名称	数量
5G 基站单站功耗	2.7 千瓦
应急时长	4 小时
单个 5G 宏基站备用电源	10.8 千瓦时
截至 2022 年 1 月实际累计开通 5G 基站数	142.5 万个
截至 2022 年 1 月实际累计开通 5G 基站数带来的备用电源储能需求	15.4 吉瓦时
截至 2025 年预测累计开通 5G 基站数	800 万个
截至 2025 年预测累计开通 5G 基站数带来的备用电源储能需求	86.4 吉瓦时

资料来源：课题组计算。

中国铁塔公司已在梯次利用电池领域践行多年。在 2019 年的产业峰会上，中国铁塔能源股份有限公司董事长刘国锋展示了公司在动力电池回收领域的"成绩单"：截至 2019 年 9 月，中国铁塔已在全国 30 万个基站安装，使用梯级电池 4 吉瓦时，相当于 10 万辆电动乘用车退役。天风证券预计，2020 至 2023 年，5G 基站带来的备用电源储能需求分别为 7.6 吉瓦时、9.7 吉瓦时、10.8 吉瓦时和 11.9 吉瓦时。

储能虽然是退役动力电池的一个重要的潜在市场。但是因为动力电池和储能电池在性能上存在差别,频发的储能电站安全事件,使得退役动力电池在储能领域的应用上蒙上了一层阴影。在 2021 年 9 月国家能源局印发的《新型储能项目管理规范(暂行)》中提出"新建动力电池梯次利用储能项目,必须遵循全生命周期理念,建立电池一致性管理和溯源系统,梯次利用电池均要取得相应资质机构出具的安全评估报告。已建和新建的动力电池梯次利用储能项目须建立在线监控平台,实时监测电池性能参数,定期进行维护和安全评估,做好应急预案"。

3.4.3 国内动力电池回收主要厂商

3.4.3.1 格林美:拥有"渠道+技术"双优势

格林美是当前国内动力电池回收的两大头部企业之一,于 2010 年在深圳证券交易所中小板挂牌上市。2021 年,格林美营业收入达 193 亿元,毛利率13.55%,净利率 5%,归母扣非净利润为 7.2 亿元,市值一度突破 600 亿元。格林美以废物资源再造起家,2016 年后开拓新能源材料生产业务。截至 2021年,其废物资源再造业务和新能源材料生产业务的营收比重已转变为 3∶7。格林美是 2018 年第一批纳入工信部符合《新能源汽车废旧动力蓄电池综合利用行业规范条件》的 5 家试点企业之一,在工信部 2021 年发布的 45 家符合《新能源汽车废旧动力蓄电池综合利用行业规范条件》企业中,格林美占据 3 家,位居全国企业第一。2021 年公司"退役动力电池包柔性化智能拆解系统"入选《国家工业资源综合利用先进适用工艺技术设备目录(2021 年版)》。

根据格林美 2021 年年报,格林美提出建设一级终端回收、二级回收储运、三级拆解与梯级利用、四级再生利用的"沟河江海"型全国性回收网络体系,持续构建从"毛细端"到"主干端"的退役动力电池回收渠道,与全球超 500 家汽车厂和电池厂签署协议建立废旧电池定向回收合作关系,共建共享 131 个新能源汽车动力蓄电池回收服务网点。借助丰富的回收渠道,公司回收处理报废汽车占中国报废总量的 4%以上。在梯次利用领域,动力电池梯级利用装机量1.06吉瓦时,同比增长 89.29%。在回收再生领域,循环再生的钴资源为中国原钴开采量的 2 倍以上,循环再生的镍资源为中国原镍开采量的 8%以上。公司 2021年动力电池回收业务规模达 1.5 亿元,同比增长 61%,公司动力电池回收业务全面进入大规模的市场化与商用化阶段。

在关键技术领域,格林美在电池拆解、梯次利用以及金属提纯等领域储备了多项核心专利,例如开发了退役动力电池包柔性化智能拆解系统、退役动力电池无损快速诊断的梯次利用关键技术和装备体系、控制性破碎辅助的内源零价铝原位还原强化多金属浸提技术;采用超精准定向提取技术与内源铝氟吸附纯化技术成功实现废旧三元离子电池中全组分金属回收到电池级原料的再造,解决了传统工艺中锂回收率低的难题,锂的回收率超过90%。

近年来,格林美仍然在废旧电池回收领域开疆扩土。2021年年报显示,格林美针对长三角巨大的新能源市场,计划在无锡建设电池再造产线,实施年回收处理10万辆新能源汽车及年回收与再制造10万吨动力电池等项目的建设;在海外市场,格林美于2021年已完成韩国浦项动力电池回收基地的建设,同时计划2022年在欧洲布局动力电池回收工厂,构建面向全球的动力电池回收产业体系。目前公司动力电池回收的产能设计总拆解处理能力达21.5万吨/年,再生利用10万吨/年,如果按照2020年中国汽车技术研究中心公布的20万吨退役电池总量,格林美的拆解能力已基本满足市场需求,且再生利用产能也能消化国内将近一半的退役电池。

3.4.3.2 邦普:依托宁德时代,打造动力电池全产业链闭环

全球动力电池龙头企业宁德时代早于2013年便通过收购广东邦普循环科技有限公司(持股52.88%),涉足动力电池回收业务。邦普循环创立于2005年,是一家专业从事再生资源的高新科技企业,总部位于广东佛山,在湖南长沙设有国内最大湿法基地,是宁德时代产业生态体系中的重要组成部分,致力于打造"电池生产—使用—梯次利用—回收与资源再生"产业闭环。邦普循环自主研发的动力电池全自动回收技术及装备,以"逆向产品定位设计"技术以及废料与原料对接的"定向循环"核心技术,在全球废旧电池回收领域率先破解了"废料还原"的行业性难题。作为中国的国家标准制定单位,邦普循环已经为国家制定《车用动力电池回收利用拆卸要求》和《车用动力电池回收利用材料回收要求》等204项国家标准,已发布154项,成为中国动力电池回收处理全流程的技术标杆,是当前国内动力电池回收的两大头部企业之一。

据邦普循环官网公示信息,公司目前在全国和海外共布局七大基地,覆盖长三角、珠三角、中部地区以及印尼。2021年,邦普循环及其控股子公司拟在

湖北省宜昌市投资建设邦普一体化电池材料产业园项目，项目投资高达 320 亿元，主要建设具备废旧电池材料回收、磷酸铁锂及三元前驱体、磷酸铁锂、钴酸锂及三元正极材料、石墨、磷酸等集约化、规模化的生产基地。这将有利于进一步完善宁德时代在锂电新能源产业的战略布局，保障公司电池材料供应。

在产能方面，邦普循环现有处理废旧电池总量超 12 万吨/年，回收处理规模和资源循环产能均属亚洲前列；综合回收废旧电池约占全国的 51%，镍钴锰的综合回收率达到 99.3%。

此外，宁德时代于 2022 年初发布了旗下全新换电品牌——EVOGO 乐行换电，宣布进入换电领域。在换电技术场景中，电池的标准化和通用化程度较高，因此有利于提升规模化的电池包拆解效率，从而降低拆解成本。同时，电池的标准化还有利于电池的梯次利用，无疑帮助邦普拓宽了回收市场的下游场景。

3.5 动力电池回收产业发展的主要障碍

3.5.1 电池拆解效率低下，仍依赖人工操作

电池形状多样和内部结构复杂是影响拆解效率的两大阻力。首先，在电池拆解过程中，考虑到"退役"电池复杂性高，不同的动力电池内外部结构设计、模组连接方式和工艺技术各不相同，仅外形就有方形、圆柱形、软包等多种形状。其次，为了保证电池的安全性，大部分电池厂商会选择在电池组制造中使用大量粘胶工艺，这使得电池在报废时需要更多的精力去拆解。另外，电池的串并联成组形式、服役和使用时间的长短、应用车型和常用工况的不同，导致其拆解方案也各不相同。在电池回收行业就曾有人打趣称"拆一个电池比造一个电池还难"。

同样地，拆解问题也难为山东的大量动力电池回收企业。企查查数据显示，我国目前动力电池回收相关企业为 45647 家，山东更是以 4205 家位居第一，但其中的大部分企业仍然无法实现规模化的效益。某企业的创始人提道"回收的动力电池很多是退役大巴车的动力电池，从尺寸到技术参数，都与乘用车动力电池相去甚远，这就意味着原材料只能手工拆解、利用，完全无法实现机械化，成本也降不下来。"（参考案例框）

因此，回收利用企业无法采用统一的机械设备进行规模化作业，从而增加

了拆解难度与人力成本。国内大多依靠人工拆解，工人的技能水平直接影响着电池的回收效率。

案例:数量全国第一! 山东动力电池回收企业为啥"巧妇难为……"

晨财经 2022 - 04 - 11 18:03　经济导报记者 杜杨

过去一年锂价上涨490%,这也让低迷了几年的动力电池回收市场的关注度逐步升温。企查查数据显示,我国目前动力电池回收相关企业为45647家,山东更是以4205家位居第一。

经济导报记者调查采访获悉,山东的一些企业早早就布局该市场,但遇到上游原材料参差不齐、回收环节成本高、下游产品市场推广不力等问题,相关项目也陷入停滞。

尽管市场风口未至,但山东省科学院战略研究所研究员、经济导报特约评论员吕兆毅认为,动力电池回收利用环节必不可少,建议培育相关市场。此外,冻结项目的受访企业也储备了相关技术,山东动力电池回收利用未来依然可期。

千亿级市场呼之欲出

李军曾是某央企山东分公司下属创新中心的负责人,前段时间创新中心暂停了业务,他也回到了济南公司总部。

"想不到从原材料到生产再到销售,动力电池回收利用每一个环节都存在制约。"4月11日,在谈到这次创业的经历时,他如是对经济导报记者表示。

李军就职的公司业务涉及通信,需要大量蓄电池来为通信基站供能。轻薄、高性能的蓄电池从哪里来? 公司想到了"退役"的新能源汽车动力电池。

业内公认,"退役"动力电池几年内将成长为一个千亿级的市场。光大证券曾预测,到2023年,国内新能源汽车或将达到8000万~1亿辆;中国汽车技术研究中心预测,到2025年,全国的"退役"动力电池总量将达到137.4吉瓦时。

海量"退役"动力电池该如何利用,其中之一便是梯次利用:动力电池衰减到80%,就不适合继续驱动汽车,但可用作储能。

除了梯次利用外，不再适合用作储能的动力电池正负极材料也是价格昂贵，而且还有上涨的趋势：最新数据显示，自 2021 年 12 月 21 日以来，镍的报价由原来的不到每吨 15 万元涨到每吨 22 万元，钴的华东市场报价从每吨不到 49 万元涨到每吨 56.6 万元。

一边是海量的"退役"动力电池，另一边是从梯次利用到拆解回收的多场景应用，关键是总公司本身也有需求。这也是上述央企设立创新中心，并让李军负责动力电池回收利用业务的初衷。

多因素掣肘

理想很丰满，现实很骨感。在运作了一年多以后，该创新中心还是暂停了业务。

"从上游原材料开始，创新中心的运作就受到较大制约。"李军对每个环节都仔细复盘，"最初，我们的供货渠道比较广泛，退役电池、B 品电池一应俱全，但面临最大的问题就是一致性"。

原来，当时创新中心的原料，很多都是"退役"大巴车的动力电池，从尺寸到技术参数，都与乘用车动力电池相去甚远，"这就意味着原材料只能手工拆解、利用，完全无法实现机械化，成本也降不下来。"李军说。

经济导报记者的采访也从侧面证实了上述说法。济南多家新能源汽车经销商均表示，目前"退役"或故障动力电池均由本品牌经销商负责收集并运送至主机厂，由后者负责拆解利用。自己生产自己回收，这样才能保证"退役"动力电池基本的一致性。

除了生产成本外，原材料的一致性还与安全性紧密挂钩。在发生过几次大大小小的安全事故后，创新中心决定严把上游原材料关：只接收汽车主机厂、公交、出租车公司"退役"的动力电池，其他渠道一概不收。

最终，此举导致上游的供应量严重不足。

在生产环节，李军负责的创新中心成果颇丰：他们利用动力电池轻薄的特性，开发出不少相关产品，诸如移动电源、电瓶车、节能灯等，据称试推广后市场反响还不错。

不过在拆解回收提炼环节，李军发现，要想将报废电池回收成为钴、镍、锰、锂等金属材料，成本太高，"主要就是锂，锂在电池中以离子状态存在，并不是想象中的一块金属或箔片，其提炼成本远高于锂矿石的冶炼"。

至于产品销售环节,虽然试用品得到下游经销商的积极反馈,"但受上游原材料制约,我们还是没能保质、保量,按下游需求,供应梯次利用后的储电单元"。

"总体看动力电池回收利用,整个行业都面临涵盖原材料采购、生产及拆解提炼、产品销售等多个环节的诸多制约。"李军总结说,"当然问题的核心还是退役动力电池的一致性问题,原材料严重不足,生产上不了规模,自然成本降不下来。"

风口未至,山东依然在布局

传说中的"千亿市场"风口没来,但创新中心的技术还是储备了下来。"事实证明,只要能保质、保量生产,下游还是有需求的。"李军表示。

据他介绍,总公司相当重视创新中心储备的技术,并且已经与国内动力电池行业头部公司洽谈合作,相关产品或许不久就会面世。

而在创新中心曾经的驻地——山东枣庄,也在布局一整条锂产业链。根据枣庄高新区发给经济导报记者的材料,枣庄推进形成"一处核心基地、三处配套产业区、三处协调发展区"的发展总布局,其中薛城区重点发展锂电负极材料、铜箔铝箔辅材、锂电池拆解回收及循环利用产业,台儿庄区重点布局锂电正极材料、锂电池、储能产业及锂电池拆解回收发展。

作为长期关注动力电池回收利用的专家,吕兆毅坦言,当下相关市场容量并不大,近几年也未必能扩充为"千亿市场"。

"但与此同时,动力电池的回收利用,也就要浮出水面了,倘若那个时候才想着怎么处理为时已晚。"他建议主管部门未雨绸缪,提前进行顶层设计,制定相关规则谋划市场布局。

与此同时,他还建议从业企业不要贸然投入,但也不要畏首畏尾,"可以从动力电池拆解、正负极材料回收提炼、梯次利用储能单元生产等,单个环节进行技术储备,静待未来市场逐渐活跃"。

(来源:经济导报 https://baijiahao.baidu.com/s? id=1729805876909552347)

3.5.2 电池检测标准不统一、数据不共享，梯次利用产品品质风险较大

检测过程中，主要会遇到两类问题：①指标定义五花八门：目前国家已发布的涉及梯次利用的国家推荐性标准有三项，涉及拆解、梯次利用电池编码以及余能检测，但是梯次利用不同领域的产品性能指标、检测指标等其他类型标准还远未对规范梯次利用构成完善的体系化支撑。例如，对于动力电池的健康度 SOH（state-of-health）的评价指标就存有多种定义，包括根据容量衰减定义、根据剩余放电量定义、根据剩余循环次数定义以及根据内阻定义。缺乏统一的评价标准直接加大了下游产品的应用难度。②检测数据难提取：目前，国家尚未对电池技术信息开放作硬性规定，因此动力电池厂商对电池技术信息保密的限制，使得回收企业难以读取到电源管理系统、通信协议等关键技术信息，从而不能有效预测电池的剩余寿命，这无疑又增加了梯次利用产品的品质风险。

因此，检测标准缺失以及数据提取困难等问题直接影响梯次利用电池的下游应用，特别是在安全问题频发的梯次利用储能领域，对电池的热管理和性能监测的要求非常严苛，如果上述问题不解决，梯次利用产业的发展将举步维艰。

3.5.3 梯次利用产业链商业模式尚未打通，上下游协同性待提升

梯次利用产业链的商业模式有待完善。动力电池回收涉及的产业链各方面主体非常多，包括新能源汽车用户（个人或商业运营单位）、汽车生产企业、动力蓄电池生产企业、报废机动车回收拆解企业、梯次利用企业、再生利用企业以及梯次利用电池的用户，其中的价值分配是十分复杂的问题。如果梯次利用仅有梯次利用企业获利，则新能源汽车用户、汽车生产企业、动力蓄电池生产企业及报废机动车回收拆解企业等均缺乏动力去参与和推动梯次利用，这将导致在退役电池的回收阶段就无法形成商业渠道。

在梯次利用电池回收拆解环节，由于新能源汽车以及动力蓄电池厂商并未考虑梯次利用场景，所以在前序的产品设计阶段仅关注自身利益，而给下游的梯次利用厂商无意间增加了额外成本，如动力蓄电池之间使用的镍条激光焊接，就极大地增加了退役电池的拆解、分选和成组的难度，这些都推高了梯次利用成本。

3.5.4 再生利用处理成本高，"小作坊"扰乱市场秩序

资源化再利用技术相对成熟，但贵金属提取过程中的污染治理、最低提取率等要求，都需要成熟的技术及设备来处理，但这意味着更高的成本。例如在

拆解回收提炼锂金属的环节,多家企业抱怨"锂在电池中以离子状态存在,并不是想象中的一块金属或箔片,其提炼成本远高于锂矿石的冶炼"。

而那些白名单之外的"小作坊"在电池回收利用中,放弃了检测、放电等多项关键环节,也没有购置专业环保的化学提炼设备,同时操作人员也未经过专业培训,在运营成本上较正规企业低许多,从而在议价权和电池收购成本上有了更多空间,与正规企业产生了恶性竞争。据《经济观察报》报道,某些无资质的电池回收公司,其三元锂电池的报价高达 15000 元/吨,即使价值较低的磷酸铁锂电池报价也高达 12000 元/吨。作为对比,正规企业的回收价格仅有约10000 元/吨,甚至更低,双方的竞争力根本不在一个量级。因此,大量退役电池流向了出价更高的非正规回收渠道,出现了"劣币驱逐良币"的现象。

3.6 动力电池回收行业发展的政策建议

3.6.1 加快智能化设备对电池拆解环节的全面覆盖

加快推行智能化、自动化的废动力电池包(模组)拆解系统,可以提高电池模组拆解的工作效率,极大地降低劳动强度。另外借助自动化产线的规模效益,可有效降低回收成本,提高回收利用企业的议价能力,为企业的正常运营提供有效保障。由此从根本上解决废旧电池处理成本高、利润低的行业难题,引导电池回收利用进一步规范。目前已有部分企业在这方面有所发展,例如株洲鼎端装备股份有限公司就已发明出退役动力电池智能拆解装备,该自动化设备采用了可编程的机器人或机械手、自动化的定位设备和切割设备,可快速、高效地拆解退役动力电池包(模组)。此外,华友钴业、泰森循环科技、金源新材料、光华科技、天能新材料等电池回收企业已采用智能拆解设备,未来电池产业的设备智能化水平将进一步提升。

3.6.2 向上游延伸生产责任制度,加快推动梯次利用产业生态合作关系

明确梯次利用企业以及其上游的生产者责任。梯次利用企业作为梯次产品的生产商,具有保障产品生产质量和高效回收的责任,而电池生产企业作为电池的原始生产商,也应当承担生产者责任,在电池研发之初采用易拆解、易组装、易使用的产品结构设计,联合保障电池退役后的高效梯次利用。

鼓励梯次回收企业与产业相关企业加强数据信息共享及知识产权保护等

方面的协同。例如,建议车企与回收企业签署知识产权保密协议,或者建立联合运营模式,开放出一些数据方便回收企业更快速地甄别退役电池的生命周期、电池性能等各方面信息,共享动力蓄电池拆卸和贮存技术,降低梯次利用成本,解决电池高效回收、健康状态快速评估等问题,形成适应行业发展的商业合作与技术发展模式。

3.6.3 建立属地化的监管责任链,建议新能源政策补贴转移至回收产业

建立工信、环保、市场监管等多部门参加的联动工作机制,按照属地管理原则强化动力电池梯次利用监督管理,明确国家与地方政府的监管责任链条和监管清单,围绕废旧电池回收处理的企业资质、安全隐患、环境污染、资源浪费等问题定期开展联合监督。加强责任追究制度,将相关部门履行监管责任情况作为生态文明建设考评的重要内容。

同时,健全奖惩激励管理制度,对违规回收动力电池的"黑作坊"加大惩罚力度,明确非法回收的法律责任。而针对国家认证的"白名单"回收企业,则加大政策补贴和税收优惠,把对车辆的补贴转向对电池回收利用的补贴,从而提高企业的生产积极性,促进动力电池回收产业的长期可持续发展。

3.7 国外动力电池回收产业发展现状

3.7.1 美国:健全的电池回收法律与回收知识普及

美国废旧电池的回收法律健全,其相关法律的体系涉及联邦、州和地方各级。三个层次的法律互相补充、互相规范,从而使得美国的电池回收法律体系完善、全面、具体。

在联邦政府层级,政府通过颁发许可证用于监管电池制造商和废电池回收公司。在州层级,大多数州已经采纳了由美国国际电池理事会(BCI)提出的电池回收法规,通过参与废旧电池回收的价格机制来指导零售商和消费者。例如,《纽约州可充电电池法》和《加州可充电电池回收法案》要求可充电电池零售商回收消费者的一次性可充电电池而不收取任何费用。

在地方层级,美国大多数城市已经制定了电力电池回收法规,以减轻废旧电池的环境危害。BCI颁布了《电池产品管理法》,该法案创建了一个电池回收押金制度来鼓励消费者收集和交还用过的电池。

美国废旧电池的回收知识普及机构众多,国民回收意识普遍较强。以 BCI 为例,作为一个权威的电池回收第三方组织,该组织不仅统筹各州的电池回收,并且具体细化到了电池回收的分类流程、规范等知识的普及。BCI 在其官网有大量的文件与图片用于指导个人、企业的电池回收,并且由于铅酸电池和锂电池的回收处理方式不同,BCI 的流程指导甚至包括了指导回收电池中个人、企业对于铅酸电池和锂电池的区分。因此,美国废旧电池的回收具有较好的社会基础和知识储备。

3.7.2　欧盟:生产者责任制度＋联盟体系

欧盟是最早关注电池回收并采取措施的地区。

1991 年欧盟推出的《含有某些危险物质的电池与蓄电池指令》,规定了这些电池需要单独回收。欧盟在 3C 电池、铅酸电池的回收方面起步较早,积累了很多相关经验。

2006 年欧盟出台废旧电池处理和回收政策(2006/66/EC),形成由动力电池生产企业来承担回收主体的配套体系(生产者责任延伸制度)。以德国为例,生产者责任意识与回收分工明确是源动力。对于动力电池回收的重视,使得德国在电池回收的法律制度、责任分工、技术路线等方面都取得了显著的成就。责任、义务、法律三者之间的互相融合贯穿,是德国完整的动力电池回收系统的基础。

德国政府根据《废物框架指令》(Directive 2008/98/ EC)、《电池回收指令》(Directive 2006/66/EC)、《报废汽车指令》(Directive 2000/53/EC)等指令,颁布了《回收法》《电池回收法》《报废汽车回收法》等一系列相关法律。在相关法律框架的约束下,德国的废旧电池回收系统具有明确的分工。产业链中的生产者、消费者和回收者都有相应的责任和义务。电池生产商生产或进口电池需要在政府部门进行登记,下游经销商需要负责构建电池回收网络,用户同样有义务将废旧电池交还相应的回收机构。

此外,德国在动力电池回收方面非常强调"生产者责任延伸制度"。例如,大众、宝马等新能源汽车制造商积极回收废旧电池。其中,宝马致力于通过建立产业闭环实现动力电池价值链,在这一价值链中,从电池生产的原材料、电池研发、电池生产、电池装机,至电池回收利用,再得到有价值的电池生产原材料,形成了闭环,实现了动力电池的价值最大化。

同时,宝马也与优美科、Vattenfall、Bosch、NextEra 等公司合作,致力于探讨退役动力电池在储能系统中的梯次利用。宝马已经成功地利用宝马 i3 和MINI E 电动车的废旧动力电池实现了储能电网稳定。其位于宝马集团莱比锡工厂的能量储存场共储存了 700 节宝马 i3 电池,展示了在汽车电池使用寿命结束时,可以通过给电池第二次使用寿命(作为可持续能源模式的一部分)来实现利润。

3.7.3 日本:"未雨绸缪"发展下的动力电池回收模式

受原材料短缺的影响,日本在废旧电池回收方面处于全球领先地位。日本的电池回收体系构建时间较早,在 1994 年时,日本已经开始推行电池回收计划,并建立了"电池生产—销售—回收"的回收体系。

发展至今,日本已经建立了主要由电池企业主导构建,以"逆向物流"为思路的回收渠道。该回收渠道由电池生产商利用零售商家、汽车销售商和加油站等的服务网络,免费从消费者那里回收废旧电池,再交给专业的电池回收利用公司进行处理。

为了规范废旧电池回收行业的发展,日本从基本法、综合法、特别法三个层面出台了相应的法律法规,并且鼓励汽车制造商关注与汽车电池回收技术相关的资源回收研究。丰田、日产和三菱等汽车制造商都积极投资于电池回收的研究和开发以响应日本政府的"新能源汽车制造商有义务对废旧电池进行回收处理"的理念。

同时,日本频繁的自然灾害不仅促进了应急电源的使用,也促进了退役动力电池在该领域上的梯次利用。除了传统的汽车生产企业投身于梯次利用外,日本涌现了一批以"4R Energy"为代表的致力于退役电池梯次利用(特别是在应急电源、储能等方面)的公司,该类型公司遵从较好的回收理念,比如 4R 公司提出的"再利用(reuse)、再转售(resell)、再制造(refabricate)、再循环(recycle)"的回收理念,有很好的现实意义。

在梯次利用方面,日本 4R 公司在住宅用途上将高容量退役动力电池与太阳能电池板组合进行能源储藏的技术发展快速,从而给退役电池在住宅停电时作为备用能源、为房屋节能等功能上树立了梯次利用的范本。另外,4R 株式会社对于不同电池容量的退役动力电池梯次利用领域进行划分,其中 10~24 千瓦时、100 千瓦时是当前 4R 公司发展的重点。

3.7.4 韩国：新能源车快速起量，回收模式发展正当时

韩国新能源汽车快速起量，配套的充电桩等产业快速发展，其相应的电池回收也将在近年迎来加速增长，但是，韩国的动力电池回收产业仍不健全，亟待发展。

根据韩国的《清洁空气保护条例》，所有购买电动汽车并获得补贴的消费者必须向地方政府归还电动汽车的电池，但是对于电动汽车报废电池的回收在韩国仍然没有具体的规定。因此，韩国有必要制订计划，使电动汽车报废电池回收的储存区域的规范、运输和回收标准有法律可以依据。

鉴于此，有韩国学者也提出基于生产者责任延伸制度的适用于韩国可行的动力电池回收体系，在该回收体系中，电池生产者成立生产者责任组织以统筹安排回收动力电池的相关费用，并且政府通过补助金形式促进消费者将电池转交给政府指定回收中心，材料企业通过拆解回收获得金属并流转回生产商或进口商，从而形成电池回收的良好循环。

值得注意的是，在韩国的动力电池回收体系建立中也有中国公司的身影，例如，格林美在 2019 年 10 月与韩国浦项市政府、ECOPRO 就新能源汽车电池梯次利用及循环再生项目推进，签署合作备忘录。

分报告(三)：
电动汽车和氢燃料电池汽车：
谁会驶向中国的未来？
——基于环保、性能、经济性的视角

　　新能源车行业继电动汽车之后，再度出现氢燃料电池汽车这一重大发展方向，电动汽车迎来了新的竞争对手。而两种新能源车在环保、性能、经济性等多方面呈现出巨大的差异似乎暗示着两种不同的结局。对此，本报告基于文献资料、政府文件，搜集诸多关于电力结构、氢能能量转换效率，新能源电池动力转换的数据，重点比较两种汽车各自不同的基础设施(充电站、加氢站)以及电池、整车经济成本，从而分析电动汽车与氢燃料汽车在不同场景下的利弊，最终剖析新能源汽车未来的前进方向。研究结论是，电动汽车已经在乘用车领域获得了长足的优势，而氢能源车在商用车领域中，即使当前仍较为落后，却显示出极大的潜力，在中长期极有望超越电动汽车，主导中国商用车市场。

4.1　引言

　　2020年,电动汽车风光无限:特斯拉、比亚迪、蔚来、理想,无论是电动汽车领域的贵族还是新宠,都得到资本市场的青睐。与此同时,汽车低碳化的另一个方向,氢燃料汽车,也闯入国人的视野。各国氢能的发展,尤其是氢燃料电池汽车的发展都尤为受到重视。2019年,日本发布了《氢能与燃料电池战略规划路线图》;2020年11月,美国制定了《氢能计划发展规划》,氢燃料电池汽车作为氢能产业的主要下游应用方向,在世界各国引起广泛关注。在以美日为代表的发达国家对于氢燃料电池汽车的商业化进程都在稳步推进,在这一方面,许多文献都有详细的表述,例如 Andrzej Łebkowski 对氢能公交在不同路况上的行驶状况研究[①]、Shuo Ma 对氢能汽车发展与应用的研究[②]。然而,国内的氢车发展却远远落后国际领先水准,氢车行业仍处于雏形阶段,缺乏对于氢车行业发展的系统性描述。同时,由于中国特有的"大政府"背景以及世界第一的电动汽车市场,对于氢车的发展也存在着重大的影响。

　　要实现"碳达峰、碳中和"的目标,中国公路交通在未来实现低碳化,是必经之路。如日中天的电动汽车和快速崛起的氢燃料电池汽车,谁能担负中国未来低碳交通的重任,于政策制定者和产业参与者而言,都是非常重要的问题。本报告的目的是通过在环保表现、技术性能、经济性和政府政策方面系统比较这两个路线来预判未来的发展趋势。

　　本报告将通过文献资料收集得到关于氢能、电能的能量转换效率,并综合氢车近年来在中国各地示范项目的表现情况,对两种新能源汽车的环保性能(排放情况)、技术性能(动力与能量转换)、经济成本、相关政策进行全面剖析;再通过比较电动汽车与氢车行业的特点,以及应用于不同类型车辆时的优劣表现,最终分析得出两种新能源汽车,在中国的特定场景下,最有可能的发展趋势。

---

　　①　Ebkowski A. Studies of energy consumption by a city bus powered by a hybrid Energy storage system in variable road conditions[J] Energies, 2019, 12(5):951.

　　②　Ma S. Development and application of hydrogen energy and fuel cell vehicle[J]. Progress in Energy & Fuels,2018,6(1):1-4.

4.2　环保表现

4.2.1　纯电动汽车碳排放表现

发展新能源汽车最大的推动力，来自低碳和清洁交通的内在需要。而电动汽车与燃油汽车谁更环保，这个问题在十年之中始终难下定论。早在 2010 年，清华大学一个研究团队的文章就指出，在当前中国的能源结构下，电动汽车造成的碳排放，与燃油汽车相比，差别不大；但是在二氧化硫和碳化物方面的排放，要数倍于燃油汽车。所以电动汽车是否环保，本质上取决于电池中电能的来源[①]。只有从根本上改变中国发电行业的能源结构，才能真正实现电动汽车的环保。根据 2020 年中国发电能源结构和电动汽车的主流性能，我们计算了纯电动乘用车每百千米的碳排放量，为 13.2 千克，具体假设和参考数据如表 32 所示：

表 32　一辆纯电动车的碳排放计算

平均百公里耗电量	能源转换效率	远距离输电效率	不同发电方式的碳排放		我国发电量占比（2020 年 12 月）	
16 千瓦时	90%	90%	火电	841 克/千瓦时	火电	77.60%
			水电	85 克/千瓦时	水电	10.50%
			核电	128 克/千瓦时	核电	4.85%
			风电	10 克/千瓦时	风电	5.62%
			光电	17 克/千瓦时	光电	1.43%
一辆电动汽车的碳排放			13.20 千克/百千米			

注：1. 百公里耗电量的假设来自 AutoLab 数据，2020 年中国主要的 157 款纯电动乘用车的百公里耗电量约为 12～20 千瓦时，故取均值 16 千瓦时；

2. 新能源转换效率为 90% 的假设来自美国能源局 2021 年的电动车数据，同时考虑远距离输电效率约为 90%；

3. 一辆电动汽车的碳排放为 13.20 千克/百千米的假设的依据在于中电联 2018 年统计

---

① Huo H，Zhang Q，Wang M Q，et al. Environmental implication of electric vehicles in China [J]. Environmental science & technology，2010(13)：44.

数据与 Jacobson，Mark Z[①] 在 2019 年的研究。根据中电联数据，火电碳排放强度均值达到 841 克/千瓦时；研究表明[②]，水电碳排放强度均值为 85 克/千瓦时，核电碳排放强度均值为 128 克/千瓦时，风电碳排放强度均值为 10 克/千瓦时，公共事业级光伏碳排放强度均值为 17 克/千瓦时。根据国家统计局数据，2020 年 12 月我国火电占总发电量的 77.60%，水电占总发电量的 10.50%，核电占总发电量的 4.85%，风电占总发电量的 5.62%，太阳能占总发电量的 1.43%。

4.2.2 氢燃料电池碳排放表现

氢车的优点在于氢气作为能量来源在使用端是完全清洁的，因为氢气的反应产物是水，不会产生任何污染物的排放。并且，氢燃料电池的能量转换效率高，理论上可达 100%。但从氢车的全生命周期来看，虽然氢气作为燃料在使用端可以实现零排放，但是在氢气的制备过程中消耗一次能源和电能产生的碳排放，以及氢气在运输和加注过程中产生的能量消耗是不容忽视的。研究表明，储氢方式对能耗和碳排放的影响远小于氢气的生产过程[③]，故在此以制氢过程中的碳排放来衡量氢车的碳排放。根据公开数据[④]，氢燃料电池乘用车百公里氢耗 1 千克。如果按照全球氢气生产结构计算，氢燃料电池乘用车每百公里碳排放为 12.31 千克；如果按照中国氢气生产结构计算，氢燃料电池乘用车每百公里碳排放为 16.96 千克。

图 44 比较了电动乘用车和氢燃料电池乘用车每百公里的碳排放量。尽管从全球角度来看，氢燃料电池乘用车的碳排放低于纯电动乘用车，但按照中国的能源结构和制氢方式来测算，氢燃料电池乘用车的碳排放高于纯电动乘用车。原因是我国当前氢气的生产主要是依靠煤制氢。

结合上文分析，如果单从碳排放的维度上看，电动汽车和氢燃料电池汽车，谁能胜出，取决于未来的技术发展。电动汽车主要取决于风能和光伏发电比例

① Jacobson M Z. Evaluation of nuclear power as a proposed solution to global warming, a pollution, and energy security[J]. Energy & Environmental Science，2009，2：148－173.

② 同①。

③ Peter M D，Ahluwalia R K，Berry G，et al. Storage technology options for fuel cell vehicles：well-to-wheel costs，energy efficiencies，and greenhouse gas emissions [J]. International Journal of Hydrogen Energy，2011，36(22)：14534－14551.

④ 驱动之家.百公里耗氢 1 千克续航 510 千米！长安最火 SUV 氢燃料版来了[EB/OL].(2020－12－09)[2022－06－15]. https://pad.mydrivers.com/1/728/728481.html.

的上升,以及电网消纳新能源电力能力的提高,后者相对更为重要,需要革命性的突破;氢燃料电池汽车则取决于氢制备,尤其是电解水制氢技术能否取得决定性的突破。如果能够利用风能和光伏发电实现氢制备,那氢能优势就凸显出来了。

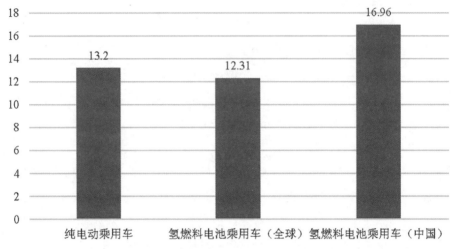

图44　2018年纯电动乘用车和氢燃料电池乘用车每百公里碳排放量(单位:千克)

4.2.3　碳排放的根本变化取决于我国制氢结构

我国制氢环保的理念在很大程度上又会回到煤炭这个话题。根据各地政府对于2025年前的氢能产业发展规划,中国近期以煤炭制氢为主的方式,由于其低廉的成本而保持不变。

如果跳出碳排放,考虑其他的环保表现,则氢能源汽车应该有更大的优势。主要原因有两点:首先,对电动汽车来说,动力电池的碳排放和污染也是不能忽视的问题。如果没有做好废旧电池的回收,动力电池中的电解液等物质流出,会造成氟污染;负极材料里的碳、石墨等会造成粉尘污染;镍、钴、锰、锂等重金属元素会造成土壤污染以及水污染。对氢车来说,目前主流的石墨板氢燃料电池发动机已经可以实现零污染回收改造。其次,基于调峰的需要和资源禀赋的现实情况,煤炭发电未来在中国肯定要保持一定的比例。煤炭燃烧会产生二氧化硫、氮化物和PM等多种污染物,氢能不存在这样的问题。

考虑这些综合污染,我们的观点是:在环保性能上,氢燃料电池与电动汽车相比,更有吸引力。主要的困难是氢制备的技术突破和成本降低,观察过去十年,光伏和电池技术的成本下降 80% 以上,我们相信氢制备技术的突破,是可预期的。

4.3 技术性能:续驶里程

氢能汽车与电动汽车的动力系统采用了两种完全不同的方式。氢能车采用了燃料电池,而电动汽车则使用了锂离子动力电池。氢燃料电池汽车便因此在能量密度上占据了绝对的上风。

4.3.1 三元锂离子动力电池与氢燃料电池

动力电池中能够量产的、能量密度最高的是三元锂离子电池,单体能量密度约 1.08 兆焦/千克,即使考虑到还在研发阶段的固态电池技术,也很难再有上升空间,锂电龙头宁德时代在 2020 年几乎公开放弃三元锂电池"811"计划便是良好的佐证。相比之下,氢气的理论能量密度高达 143 兆焦/千克,上升空间巨大。燃料电池的能量密度基本取决于储氢技术的发展,2021 年初,国内燃料电池系统能量密度大约处于 300～500 瓦时/千克的区间,高于锂电池 200～300 瓦时/千克的范围,从而能够迅速提升功率密度,有效地应对中重型、中远途的运输,以及解决电动汽车普遍存在的"里程"焦虑问题。不但如此,氢燃料电池能量密度高,本身的自重更轻,在延长汽车的续航里程上就更有优势。

氢燃料汽车的这种优点,使其在乘用车和商用车领域的优势的表现程度有所差别。乘用车一般指 7 人座以下的小型汽车,比如私家轿车;商用车则更加偏向于中远型大型车辆,如城市客车(公交)、物流车辆(轻卡、重卡)以及其他特种车辆。下面我们就根据这两类车型领域,分别分析氢燃料汽车的发展前景。

4.3.2 乘用车型

对于乘用汽车,我国已经拥有数百万辆电动汽车,而氢乘用车则尚未引进,离国际水平相去甚远。我们选取了 2020 年中国市场年销量最高的六款电动汽车,将它们的相关参数与 2021 年初国际上技术最为先进的三款氢能乘用车进行对比,如表 33 所示。相比国内较为普遍的 400～500 千米的单次续航里程的电动汽车,日韩等地的氢乘用车已经达到了 700～900 千米的行驶半径。而且氢乘用车在近几年技术进步极为迅速,在 2019 年,日韩车企的早期车型大概只有目前续航里程的一半。并且燃料电池汽车,并不像电动汽车那样受限于动力电池寿命、能量密度等问题,例如丰田 mirai 二代在进入美国市场后,提出了8 年或 16 万千米的车辆质保方案,已经优于许多电动汽车质保政策。燃料电池的平均寿命也比锂电池略长。

我国氢燃料乘用车的发展,尚没有重大突破。最新一台氢燃料乘用车是上汽集团在 2015 年前后推出的荣威 750。直至 2019 年,国内诸多车企才再次开始了氢燃料乘用车的研究,或在一些车展会上展出未发布通告的试验车型,或计划在 3~5 年中推出乘用车车型,总体处于研发阶段。欧洲的公司也类似,截至 2021 年初,戴姆勒和大众宣布由于过高的成本而放弃研究燃料电池乘用车研发技术。

氢燃料乘用车在我国乃至全球短期内都不被看好,立足困难,我国的氢燃料乘用车,从技术角度而言甚至还没有进入产业化的早期阶段。但从中长期来看,我国依然对于氢燃料乘用车有着坚定的支持,如泰安(2021 年 1 月)与广州(2020 年 7 月)的发展规划都在中期(2025)目标中提出了氢燃料乘用车的示范项目。随着国内对于国际先进水平的追赶,以及政策的支持,研究尚有一线希望。

表 33　2020 年中国电动汽车销量前六的车型与国际技术前三的氢燃料乘用车的比较

电动汽车	续航里程 (千米)	最高时速 (千米/小时)	整车质保
特斯拉 Model 3	605	239	4 年或 8 万千米
五菱宏光 MINI EV	170	100	3 年或 10 万千米
宝骏 E 100	305	100	3 年或 6 万千米
欧拉 R1	405	102	3 年或 12 万千米
广汽 Aion S	460	130	4 年或 15 万千米
比亚迪 秦 Pro EV	420	暂无	6 年或 15 万千米
氢燃料电池汽车			
现代 Nexo(2021 版)	800	110	暂无
丰田 mirai 二代	850	109	8 年或 16 万千米
本田 Clarity	750	暂无	暂无

资料来源:各厂商官网。

4.3.3 商用车型

相比之下,我国商用车市场则显得成熟许多,进入了产业化早期阶段。根据工信部 2021 年 3 月 10 日发布的《新能源汽车推广应用推荐车型目录》中的新发布名单,我们选取若干车型相近的新能源商用车进行比较,具体如表 34 所示。

从中可以看出,同等质量下,氢燃料电池商用车在续航里程上,普遍维持在 500 千米以上,最长可达近 800 千米。而电动商用车的续航里程表现相对欠佳,续航里程大多在 400 千米以下。氢商用车更具有续航里程上的优势。

而且,在未来发展中,前者潜力远大于后者。电动汽车受限于动力电池能量密度,面对大中型商用车,在技术上面对的挑战极大。而氢燃料电池商用车,得益于数倍于三元锂电池的能量密度,能够高效驱动中重型车辆的前进。此外,储氢瓶技术已经迅速进步。当前国内主要采用的 35M Pa III 型储氢瓶,质量储氢密度在 3%~4%,而国内已经出现的 70M Pa III 型以及国际上更为先进的 IV 储氢瓶,凭借 5%~6% 的质量储氢密度能够大幅提升氢商用车的续航里程。只要这些技术在我国步入成熟与产业化阶段,氢燃料商用车将在行驶里程上建立相对于电动商用车的彻底优势。

介于氢燃料汽车在商用车领域的优势,我们将商用车细分为城市客车(公交)与物流(轻重卡),在每个细分领域进行更深入地分析。

4.3.3.1 城市客车车型

在城市客车中,氢燃料电池汽车与电动汽车续航里程均位于 500~700 千米区间,氢客车略有优势,但差距不大。然而,随着技术进步,前者将迅速压过电动客车。截至 2021 年 1 月,在我国已经投入运营的 7000 余量氢燃料车中,有一半以上的车辆属于公交车或客车,可见氢能公交在城内、城际交通的巨大潜力。以山东省为例,2020 年期间购入氢燃料电池汽车 356 辆,其中共有 340 辆来自不同公司的氢能公交车[①]。各地以"智慧氢能公交"等作为主要切入点,在欠发达地区开发氢能示范公交路线,在较发达地区的公交车、客车、环卫车购置更换中,以一定比率地采用氢燃料汽车。长三角地区、山东省等走在了前列。2018 年 12 月江苏省《如皋市扶持氢能产业发展实施意见》中提出:到 2020 年,

---

① 来源于香橙会氢能数据库。

公交、物流配送等公共服务领域新增车辆中氢燃料电池汽车比例不低于50%；2019年2月，浙江省《嘉善县推进氢能产业发展和示范应用实施方案（2019—2022年）》计划到2022年，燃料电池公交车占新能源公交车总保有量的50%。2019年4月《山西省新能源汽车产业2019年行动计划》规定2019—2020年期间建设氢燃料电池示范公交路线10条，形成700台规模，2024年全省开始氢能源车公交路线运行，预计达7500台规模；2020年1月《天津市氢能产业发展行动方案（2020—2022）》计划开展3条以上公交或通勤路线示范运营，累计推广氢车1000辆以上；2021年8月《上海市道路运输行业"十四五"发展规划（征求意见稿）》要求全市新能源公交车辆占比达96%，新增车辆100%新能源车辆配比。

4.3.3.2 物流重卡车型

在物流车，各种轻重卡中，氢车已经与电动汽车拉开了较为明显的差距，续航里程是电动物流车辆的两倍左右。氢燃料电池物流车普遍满足400～500千米的续航，而电动车辆仅能在100～300千米区间满足使用。对于物流轻重卡，氢燃料电池汽车在性能上有明显的优势。加之物流货运要求长距离、高频率的行驶，续航里程较低的电动物流车辆显然难以满足行驶要求。各地政府已陆续提出了以"智慧氢能物流""绿色港口"理念为代表的物流轻重卡车应用方向。氢能物流车已经在当前氢车市场中排名第二。它们主要负责连接氢产业园区、工矿区与港区，能够有效改善重工业制造与港区的高能耗、高污染现状。使用环保的燃料电池，可以极大减轻传统重化工柴油发动机所带来的污染，这也是我国实现能源结构转型的重要手段。因此，我国的《燃料电池汽车示范应用实施方案编制大纲》（2020年10月）提出，重点推动燃料电池汽车在中远途、中重型商用车领域的产业化应用。氢燃料汽车与电动汽车将在新能源汽车市场互补互强。

表 34 新能源汽车推广应用推荐车型目录 2021 年第二批新增车型部分

推荐车型	续航/千米	总质量/千克
燃料电池商用车		
东风汽车集团有限公司 东风牌 EQ6100CACFCEV5 燃料电池城市客车	510	18000

推荐车型	续航/千米	总质量/千克
上海万象汽车制造有限公司 象牌 SXC5180XBWFCEV1 燃料电池保温车	590	18000
郑州宇通客车股份有限公司 宇通牌 ZK6106FCEVG3 燃料电池城市客车	755	18000
厦门金龙旅行车有限公司 金旅牌 XML6125JFCEVJ0CA1 燃料电池城市客车	700	14000
陕西秦星汽车有限责任公司 秦星牌 SYD6120GFCEV 燃料电池低入口城市客车	600	18000
成都客车股份有限公司 蜀都牌 CDK6851CFCEV2 燃料电池城市客车	500	13800
东莞中汽宏远汽车有限公司 宏远牌 KMT6862GFCEV 燃料电池城市客车	665	9900
中通客车控股股份有限公司 中通牌 LCK5048XBWFCEV6S 燃料电池保温车	450	4495
佛山市飞驰汽车制造有限公司 飞驰牌 FSQ5040XLCEFCEV 燃料电池冷藏车	500	4495
北京华林特装车有限公司 华林牌 HLT5180ZYSSHFCEV 燃料电池压缩式垃圾车	500	18000
中植一客成都汽车有限公司 中植汽车牌 CDL5090XLCFCEV 燃料电池冷藏车	440	8990
电动商用车		
比亚迪汽车工业有限公司 比亚迪牌 BYD4260C3EV2 换电式纯电动半挂牵引车	160	26000
广西汽车集团有限公司 五菱牌 GXA5039XLCEV 纯电动冷藏车	275	2690
山东凯马汽车制造有限公司 凯马牌 KMC5043XLCBEVA318X1 纯电动冷藏车	375	4260
江铃汽车股份有限公司 江铃牌 JX5041XLCTG2BEV 纯电动冷藏车	460	4495

推荐车型	续航/千米	总质量/千克
郑州宇通重工有限公司 宇通牌 YTZ5081XTYD0BEV 纯电动密闭式桶装垃圾车	220	4810
江苏恒诚专用车有限公司 滨恒诚牌 BHC5180ZYSBEV 纯电动压缩式垃圾车	250	18000
北汽福田汽车股份有限公司 福田牌 BJ6129EVCA 纯电动城市客车	597	18000
中国第一汽车集团有限公司 解放牌 CA6850URBEV21 纯电动城市客车	405	14200
安徽安凯汽车股份有限公司 安凯牌 HFF6119A6EV23 纯电动城市客车	605	18000
郑州宇通客车股份有限公司 宇通牌 ZK6106BEVG11 纯电动城市客车	330	18000
郑州宇通客车股份有限公司 宇通牌 ZK6106BEVG15 纯电动城市客车	370	18000
比亚迪汽车工业有限公司 比亚迪牌 BYD6110C4EV2 纯电动城市客车	575	18000

4.4 技术性能：行驶可靠性

新能源汽车推广的一个重要障碍是能源补给设备的便捷性和可得性。从燃料补充速度上看，氢燃料电池汽车碾压了电动汽车。汽车燃料耗尽后，从零到一百完全补充燃料，即使对于需求量较大的商用车辆，加氢时间在国内外也均被控制在 15 分钟以内。而电动汽车即使采用快充，甚至是特斯拉的"特快充"，在 2021 年就算未考虑排队因素，也需要 30～60 分钟的时间才能完成充电，慢充八至十几个小时则是常态。

4.4.1 燃料补充基础设施建设成本及已建成规模

那么加氢基础设施的可得性怎么样呢？从加氢站的建设成本来看，中国乃至全球范围内的加氢站都处于严重亏损经营状态。中国各地政府给予单个加氢站最高补贴额度平均达 200 万到 500 万元人民币，一般南方比北方补贴更高。实际上，如果是大型的日加氢 500 千克加氢站，仅建设成本就达到 1000 万元以上，数千万元的总成本是不可避免的；10～15 车位的充换电站，去除所有补贴后的建设成本也仅是同等车位加氢站建设成本的一半[①]。而小型的日加氢 200 千克的加氢站建设（含设备）、维护成本也接近千万元。因此即使在政府的支持下，也无法进行迅速的类似充换电站般的扩张。加氢站的另一劣势就是安全性，由于氢气易燃易爆的特点，根本不可能像充电桩那样轻易在公共或私人的区域内建设。所以从燃料补充基础设施的建设上来看，电动汽车胜出一筹。

截至 2021 年 1 月，全国共建成 123 座加氢站[②]，同期日本已经建成约 150 座，我国处于正在努力追赶的过程中。与之相比，2021 年 2 月，中国的 175 万充电桩以及数万充换电站，能够给予电动汽车足够的出行范围[③]。所以，对于氢燃料电池汽车的推广，氢燃料基础设施是一个重要的制约因素。一个可行的思路是先在具有固定行驶路线的商用车辆中，考虑氢燃料电池汽车。

4.4.2 低温行驶可靠性

电动汽车一个广受诟病的缺点在于冬季低温条件下，续航里程大幅下降，行驶半径减半。电动汽车如果应用于商用车，各类客车与物流车将在冬季蒙受巨大的损失。氢燃料电池汽车则已经战胜冬日的低温。根据公开数据[④]，在 2021 年 2 月，上汽、银隆、潍柴动力旗下的多款氢能公交（客车）、物流轻重卡已经通过了零下 30～40 摄氏度不同等级的测试，并分别保持了 400～550 千米的续航。氢燃料电池汽车普遍能实现零下 40～90 摄氏度情况下的良好运营，这是电动汽车所远远不及的。

4.4.3 安全性

最后一个问题是安全问题。燃料电池汽车中氢气一旦泄露，危害恐怕更甚

---

① 苏靖程.中国加氢站现状调研[J].山东化工，2020，49(23)：74－76＋81.
② 来源于香橙会氢能数据库。
③ 来源于中国电动充电基础设施促进联盟。
④ 北极星氢能网.最低－40℃这些氢车完成低温测试[EB/OL].(2021－02－25)[2022－06－15].
https://chuneng.bjx.com.cn/news/20210225/1138111.shtml.

于动力电池自燃,因此问题的关键在于储氢瓶技术是否可靠。2021 年 2 月,中国物理工程研究院的调研显示①,中国主要采用来自国外 GFI 与 OMD 的 35MPa III 型储氢瓶,70MPa III 型瓶则不太受待见。在国际上更为先进的 IV 型则尚未进入中国市场。许多高压储氢瓶,尤其是 IV 型瓶,不能在中国通过实际的检测。即使在符合国内国外技术标准的情况下,一些氢车仍出现不明原因的不稳定,乃至自燃与爆炸事故,因此装载高压储氢瓶的车辆安全性依然很受怀疑,被暂缓商业准入。另外一点就是,燃料电池汽车相关的安全标准尚不齐全,尤其是针对各类氢车整车测试维保方法,不管是商用、乘用,还是特种氢车领域均接近空白,为氢车的进一步推广增添了许多阻力。工信部已在 2021 年 3 月 16 日正式发布的《2021 年工业和信息化标准工作要点》中,重点提及要大力开发电动汽车和充换电系统、燃料电池汽车等标准的研究与制定。但标准的制定还较为落后,仍处于追踪产业发展、尚需实时调整的过程中。

电动汽车安全性主要在于动力电池的稳定性,当自燃概率迅速下降时,安全性迅速上升。其中,磷酸铁锂电池,本身即具有稳定的特点,尤其是比亚迪 2020 年开发的二代刀片电池能够通过锂电池针刺测试;三元锂电池虽然安全性不及磷酸铁锂,却也能够满足使用要求。在 2020 全球智慧出行大会上,中国工程院院士孙逢春已经证实,2019 年中国电动汽车起火的概率只有万分之 0.49;2020 年这一概率进一步下降到万分之 0.26,是同期燃油汽车自燃率的四分之一②。安全标准则日趋完善,同样是《2021 年工业和信息化标准工作要点》,电动汽车的安全标准制定是其重中之重,标准数量达到燃料电池汽车的三倍以上,且对各类车辆应用都已经有了较为详细的规定。

4.5 经济性

4.5.1 电池成本
纯电动汽车的动力电池价格可表示为

---

① 古纯霖,赵保顿,张波,等.我国车载高压储氢气瓶阀门发展现状[J].中国特种设备安全,2019,35(12):5-8.

② 网易.用数据说话! 中国工程院院士:新能源汽车起火概率不到有车一半[EB/OL].(2020-10-10)[2022-06-15]. https://www.163.com/dy/article/FOJ61SJO052783HD.html.

$$C_{BE} = C_{BEt} \times Q_{Ht},$$

其中，C_{BEt} 为 t 年的电池包单位电量成本(元/千瓦时)，Q_{Ht} 为电池电量(千瓦时)。

氢车的燃料电池价格可表示为

$$C_{BH} = C_{BHt} \times Q_{Ht}.$$

其中，C_{BHt} 为 t 年的燃料电池系统单位成本(元/千瓦)，Q_{Ht} 为系统功率(千瓦)。

根据中国汽车工程学会发布的节能与新能源汽车技术路线图 2.0(2020)，我国规划乘用电动车动力电池系统成本到 2030 年和 2035 年将分别降至 320 元/千瓦时和 300 元/千瓦时;商用电动车成本将分别降至 400 元/千瓦时和 350 元/千瓦时;乘用氢燃料电池汽车系统成本到 2030 和 2035 年分别降至 1800 元/千瓦和 500 元/千瓦。商用车氢燃料电池汽车系统成本到 2030 和 2035 年分别降至 1200 元/千瓦和 400 元/千瓦[1]。

不同类型氢燃料电池系统价格和纯电动汽车动力电池系统价格如表 35 和表 36 所示。

表 35 2030 年和 2035 年不同类型氢燃料电池系统价格

车辆类型	技术路线	系统功率/千瓦	2030 年价格/ (万元/辆)	2035 年价格/(万元/辆)
乘用车	全功率	113	20.34	5.65
	增程式	36	6.48	1.80
客车	全功率	228	27.36	9.12
	增程式	60	7.20	2.40
货车	全功率	151	18.12	6.04
	增程式	30	3.60	1.20

资料来源:《节能与新能源汽车技术路线图 2.0》。

---

① 古纯霖,赵保顿,张波,等.我国车载高压储氢气瓶阀门发展现状[J].中国特种设备安全,2019,35(12):5-8.

表36 2030年和2035年不同类型纯电动汽车动力电池系统价格

车辆类型	电池电量/千瓦时	2030年价格/(万元/辆)	2035年价格/(万元/辆)
乘用车	62.30	1.9936	1.8690
客车	115.92	4.6368	4.0572
货车	161.30	6.4520	5.6455

资料来源:《基于学习率的纯电动与燃料电池汽车分场景经济性比较研究》。

可以看到,乘用车方面,按照增程式技术路线发展的燃料电池系统到2035年价格会低于动力电池;客车方面,同样,按照增程式技术路线发展的燃料电池系统到2035年价格会低于动力电池;货车方面,按照增程式技术路线发展的燃料电池系统到2030年价格就会低于动力电池。

4.5.2 整车价格

目前电动汽车正在稳步或已经接近不少同类型的燃油汽车售价,并且凭借运行时更低的能耗,降低了自己的成本。唯一的劣势就是相对更低的续航里程,要求其更频繁的补充电力,增加了额外的时间与金钱成本。而氢能商用车仍然处于早期阶段,国内许多厂商的整车售卖价格依然极高,成本正在接近电动车辆。

以城市客车(公交)为例,从2020年与2021年初的各地中标情况来看,根据公交车大小、功率等的不同,8.5米至12米的燃料电池城市客车(公交)平均价格大约为100~250万,同期同类型电动公交相比之下要略微便宜,平均中标价格为90~150万。作为参考,燃油公交一般价格为70~80万。燃料电池公交车价格依然比电动汽车略高,但差距已然非常微小。2021年初,氢能重卡在我国的竞标平均成交价格处于150~170万元,燃油重卡的价格则在数十万上下,差距巨大。而电动重卡离正式量产化同样也有不小的距离,即使是电动车企龙头的特斯拉,也仍未做到电动重卡的量产化。尽管特斯拉在2021年2月透露[①],电动重卡中最低起售价为106万人民币,但到底何时上市,何时

---

① 北极星氢能网.曝特斯拉Semi卡车即将量产:搭载500千瓦时电池组起售价106万[EB/OL].(2021-02-18)[2022-06-15].https://chuneng.bjx.com.cn/news/20210218/1136407.shtml.

能登陆中国市场,却还未可知,应该还有比较长的距离。氢能重卡因而在此获得了不小的优势。具体比较如表 37 和表 38 所示。

由此可见,在我国市场,尽管电动商用车目前在成本上有一定优势,但考虑到燃料电池更大的技术进步空间,电动商用车如果未来不能在技术上取得飞速进步,在成本上更进一步下降,氢燃料电池商车或将主导商用车市场。

表 37　氢燃料电池商用车中标价格(部分)

时间	中标公司	车辆	数量/辆	总成交价/万元	平均成交价/万元
2021 年 3 月	成都大运	氢能重卡	60	9576.00	159.60
2020 年	金龙汽车、海卓科技	氢能重卡	200	33396.00	166.98
2021 年 3 月	福田汽车	氢能重卡	20	3192.00	159.60
2020 年 1 月	开沃新能源、雄韬	10.5 米氢燃料电池公交	15	3750.00	250.00
2019 年 12 月	南京金龙	8.5 米氢燃料电池公交	26	2823.60	108.60
2020 年 1 月	中通、亚星、宇通客车、潍柴动力	12 米燃料电池公交	100	25992.40	259.90
2020 年 12 月	奇瑞	10.5 米燃料电池公交	15	3170.00	211.30
2020 年 1 月	中通客车	12 米燃料电池公交	10	2580.00	258.00

资料来源:北极星数据库。

表 38　电动商用车中标价格(部分)

时间	中标公司	车辆	数量/辆	总成交价/万元	平均成交价/万元
2018 年 6 月	比亚迪	10.2~12 米电动公交	2566	334200.00	130.24
2018 年 6 月	宇通	10.9~11.8 米电动公交	95	13110.00	138.00
2021 年 2 月	申沃客车	12 米纯电动公交	29	2895.65	99.85

资料来源:北极星数据库。

4.6 政策支持

电动乘用车的补贴在 2021 年迎来了退坡,相比 2020 年,下降了 20%。而电动商用车,主要涉及城市公交,退坡则达 10%。在 2013—2015 年,一辆 6～8 米长的纯电动客车,中央加上地方补贴可高达 60 万元,有些车型补贴甚至更高,但补贴逐年减少。到了 2021 年,每辆符合技术标准的纯电动货车仅能够获得 1.44 万～4 万元不等的补贴[1][2][3]。这也揭示了电动车辆已经接近正式的商业化,政府开始减少对于电动汽车的投资与补助。

但是燃料电池汽车方面,我们正处于发展追赶的阶段,客观上需要政府的补贴。事实上,中央与地方的许多财政补贴政策强调维持燃料电池汽车的补贴,如《关于完善新能源汽车推广应用财政补贴政策的通知》(2020 年 4 月)强调了除燃料电池汽车外所有电动汽车的补助退坡,并首次提出"以奖代补""对燃料电池汽车的购置补贴,调整为选择有基础、有积极性、有特色的城市或区域",对于符合条件的申报城市给予奖励。2020 年 5 月,《关于征求〈关于开展燃料电池汽车示范推广的通知〉(征求意见稿)意见的函》则进一步指出示范工作将重点支持长三角、珠三角、京津冀以及中部地区城市,并下设四个方面的目标:核心技术、关键材料取得突破,配套运行示范运行车辆不少于 500 辆;应用新技术车辆推广,规模超 1000 辆;氢能供应及加氢站建设上,建成并投入运营达 15 座以上;完善相关法律法规支持。

此次"以奖代补",一改电动汽车发展早期的大水漫灌形式,结合"十城千辆"的经验总结,走向了对于"高、精、尖"的燃料电池汽车产业城市群的补贴,将重点支持关键技术研发,示范项目推广以及法律法规的完善,具有极大创新性。奖励资金将由地方和企业统筹运作,最终投入技术研发,引进人才技术团队,新技术示范应用等,但不得用于燃料电池汽车整车投资生产项目与加氢站建设上,侧重技术发展与核心技术产业化,不主张同质发展与无能力者瞎上,或许将使得氢燃料电池产业凭借规模优势,进一步形成成本优势,并逐步形成在全球

---

① 中国财政部等《关于完善新能源汽车推广应用财政补贴政策的通知》(2020 年)。
② 中国财政部等《关于继续开展新能源汽车推广应用工作的通知》(2013 年)。
③ 中国财政部等《关于进一步完善新能源汽车推广应用财政补贴政策的通知》(2020 年)。

的竞争力优势。

但这项氢车补贴政策的改革离真正落地实施还有差距,燃料电池城市群名单在 2021 年 3 月依然未能落实,各地也始终未能得到来自中央的补贴,这也导致了氢车的年产量与销售暴跌。各地政府或企业在面临燃料电池示范城市群名单不确定性时,不得不采取谨慎的步伐,重新规划近期的氢车生产计划。2020 年的产量与销售只有 2019 年的 4 成左右(见图 45),虽然有受到新冠疫情影响,但更主要的原因在于政策名单迟迟未能落地。企业因无法有效获得补贴,氢车的产销被极大地延误、积压,大幅下降的产销量,将使得我国氢车上下游产业链的联系进一步变得松散。在 2021 年,政策一旦落地,先前的积攒的氢车产能也将有一个井喷式的飞跃。

图 45　中国氢车年产销量变化趋势

(资料来源:香橙会氢能数据库)

电动汽车补贴已经迎来了退坡,这揭示了其已经日趋成熟的产业与市场。氢燃料电池汽车则依赖政府大量的补贴,新兴的"以奖代补"也将进一步利用氢燃料汽车产业的集聚效应,使得燃料电池汽车平安度过商业化的早期阶段。

4.7　结论

通过上面的分析,可以看到:从环保表现和技术性能上看,氢燃料电池汽车都有着全面胜出的潜力。因此可以认为,氢燃料电池汽车更有可能成为未来低碳交通的主流。从短期看,氢燃料电池汽车还面临着两大障碍:最为突出的是氢制备技术的全面突破,另一个是安排保障和安全标准的尽快出台。在这两个障碍解决之前,电动汽车会作为过渡阶段的解决方案。相信随着政府政策不确定性的消除和支持力度的强化,更重要的是技术的飞速发展,氢能源电动汽车必将会在商用车领域率先实现突破。

索　引

氢能发展的商业视角：不确定性中的确定性

174